"习近平新时代中国特色社会主义思想概论"课教辅材料

如何讲好
当代中国马克思主义（第1辑）

疑难问题与教学解析

李 冉　李国泉　主编

复旦大学出版社

CONTENTS 目录

1. 如何认识习近平新时代中国特色社会主义思想对发展21世纪马克思主义的理论贡献? ……陈锡喜 001

2. 为什么说实现中国"强起来"离不开中国共产党的领导? ……陈学明 012

3. 如何以大历史观看待中华民族复兴的伟大梦想? ……李 冉 李国泉 027

4. 怎样把握"四个伟大"任务的内在逻辑? ……李 冉 039

5. 如何理解中国共产党"伟大斗争"的理论特质? ……刘 佳 048

6. 中国特色社会主义进入新时代表现出什么样的基本特征? ……覃 喆 李国泉 058

7. 如何把握中国社会基本矛盾运动与新时代社会主要矛盾转化的关系? ……马拥军 070

8. 如何深刻认识以人民为中心的发展思想? ……李 冉 080

9. 如何把握稳中求进工作总基调? ……杨承训 091

10. 如何理解建设现代化经济体系? ……顾钰民 102

11	如何认识我国经济已由高速增长阶段转向高质量发展阶段？ 高建昆 113
12	如何理解社会主义市场经济中的政府与市场的关系？ 张新宁 122
13	如何正确理解党与法的关系问题？ 王震 132
14	如何以科学思维引领社会主义意识形态建设？ 李国泉 142
15	打赢脱贫攻坚战为什么是全面建成小康社会的底线任务？ 刘达培 153
16	为什么要把乡村振兴战略作为新时代"三农"工作的总抓手？ 石璞 161
17	怎样把握新时代生态文明思想的总体逻辑？ 吴海江 徐伟轩 172
18	如何深刻理解人类命运共同体思想？ 李健 184
19	如何理解文明交流互鉴的思想要义？ 吴海江 徐伟轩 196
20	如何认识建设社会主义现代化强国与中国青年的关系？ 刘佳 208

1

如何认识习近平新时代中国特色社会主义思想对发展21世纪马克思主义的理论贡献？

陈锡喜　上海交通大学讲席教授、博士生导师

一　疑难问题

党的十九大将习近平新时代中国特色社会主义思想写入党章，确立为党必须长期坚持的指导思想，为新时代坚持和发展中国特色社会主义的伟大实践提供了行动指南。习近平新时代中国特色社会主义思想是对马克思列宁主义、毛泽东思想、邓小平理论、"三个代表"重要思想、科学发展观的继承和发展，开辟了21世纪马克思主义发展新境界。正确认识习近平新时代中国特色社会主义思想对发展21世纪马克思主义的理论贡献，对于讲好"习近平新时代中国特色社会主义思想概论"课具有统领式的意义。

系统梳理习近平新时代中国特色社会主义思想对发展21世纪马克思主义的理论贡献，是一个重大理论问题。在教学过程中，为了帮助学生比较全面正确地学习领会，应重点引导学生从以下三个方面把握其新贡献：一是对发展21世纪马克思主义提供了可能性和提出了必要性，拓展了马克思主义在21世纪的新视野；二

是其具有原创性、时代性的概念和理论,深化了对共产党执政规律、社会主义建设规律和人类社会发展规律的认识,提升了当代中国马克思主义的新境界;三是以人民为中心的价值立场、唯物史观和唯物辩证的理论思维以及坚持问题导向的思想方法和调查研究的工作方法,丰富了马克思主义世界观和方法论的新内涵。

二 教学解析

习近平总书记在哲学社会科学工作座谈会和庆祝中国共产党成立95周年大会上的讲话中强调,要"继续发展21世纪马克思主义、当代中国马克思主义","不断开辟21世纪马克思主义发展新境界,让当代中国马克思主义放射出更加灿烂的真理光芒"。提出"21世纪马克思主义"范畴及将其与"当代中国马克思主义"并列,至少表明,这不仅是外延(包括研究对象和研究主体等方面)的扩大,更是内涵的提升。党的十八大以来形成的习近平新时代中国特色社会主义思想的意义,不仅在实践上成为推进中国特色社会主义事业、实现中国梦的基本遵循和行动指南,更在理论上开辟了21世纪马克思主义发展新境界。

(一)拓展了马克思主义在21世纪发展的新视野

马克思主义一方面认为:"理论只要说服人,就能掌握群众;而理论只要彻底,就能说服人。所谓彻底,就是抓住事物的根本。"[1]另一方面又强调:"我们只能在我们时代的条件下去认识。而且这些条件达到什么程度,我们才能认识到什么程度。"[2]

---

[1]《马克思恩格斯文集》第1卷,人民出版社2009年版,第11页。
[2]《马克思恩格斯文集》第9卷,人民出版社2009年版,第494页。

在庆祝中国共产党成立95周年大会上的讲话中，习近平总书记则进一步指出："理论上不彻底，就难以服人。我们要以更加宽阔的眼界审视马克思主义在当代发展的现实基础和实践需要。"[1] 习近平新时代中国特色社会主义思想则直面21世纪的时代课题，回应了发展21世纪马克思主义的现实基础和实践需要。

首先，习近平新时代中国特色社会主义思想的形成和实践，与资本主义结构性矛盾的暴露形成的强烈反差，使我们以更加宽阔的眼界审视马克思主义在当代的发展具有了可能性。一方面，社会主义的中国与世界的关系已经发生了历史性的变化。今天，中国的发展离不开世界，世界的发展也需要中国，中国日益走近世界舞台中央。另一方面，当今的资本主义世界则呈现出马克思揭示的社会基本矛盾的新表征，如在经济上金融危机暴露出其结构性矛盾，政治上民主的所谓程序正义没能掩盖实质的不正义，文化上价值观陷入混乱，社会上阶层撕裂程度加深，国际上资本主义价值观和政治制度在中东、北非等地区"水土不服"，等等。

习近平新时代中国特色社会主义思想的提出，使我们更具有充分的道路自信、理论自信、制度自信和文化自信：在物质文明方面为人类发展作出贡献的同时，通过实现国家治理体系和治理能力的现代化，为人类对更好社会制度的探索提供中国方案，从而为人类的制度文明作出贡献；通过社会主义核心价值观的培育和践行，逐步在文化软实力建设上占领道义上的制高点，从而为人类的精神文明作出贡献；通过对坚持中国和平发展道路和既坚持中国特色又拥抱经济全球化的中国经验的升华，为构建人类命运共同体作出贡献，从而深化对人类社会发展规律的认识。

其次，进一步发展中国特色社会主义对新的理论供给的期待，

---

[1]《习近平谈治国理政》第2卷，外文出版社2017年版，第34页。

为我们以更加宽阔的眼界审视马克思主义在当代的发展提出了必要性。习近平总书记指出:"今天,时代变化和我国发展的广度和深度远远超出了马克思主义经典作家当时的想象。""面对新的时代特点和实践要求,马克思主义也面临着进一步中国化、时代化、大众化的问题。"[1] 中国特色社会主义在发展中遇到了诸多结构性问题,如面对社会思想观念和价值取向日趋活跃的新形势,如何巩固马克思主义在意识形态领域的指导地位,培育和践行社会主义核心价值观,巩固全党全国各族人民团结奋斗的共同思想基础?面对我国经济发展进入新常态、国际发展环境深刻变化的新形势,如何贯彻落实新发展理念、加快转变经济发展方式、提高发展质量和效益,更好地保障和改善民生、促进社会公平正义?面对改革进入攻坚期和深水区、各种深层次矛盾和问题不断呈现、各类风险和挑战不断增多的新形势,如何提高改革决策水平、推进国家治理体系和治理能力现代化?面对世界范围内各种思想文化交流交融交锋的新形势,如何加快建设社会主义文化强国、增强文化软实力、提高我国在国际上的话语权?面对党面临的风险和考验集中显现的新形势,如何不断提高党的领导水平和执政水平、增强拒腐防变和抵御风险的能力?等等。

　　由于中国的改革开放以及经济全球化、世界多极化、文化多样化和社会信息化的发展,中国的发展与世界的发展更紧密地联系在一起,它决定了当代中国马克思主义在面对上述结构性问题时,需要把视野从中国拓展到世界,以提供能够面向未来的理论供给,即把对什么是社会主义和怎样建设社会主义的认识,升华为对什么是人类社会发展规律、怎样把握这样的规律的认识。

　　马克思恩格斯从来就否认人类历史存在先验的、线性的发展

---

[1]《习近平谈治国理政》第2卷,外文出版社2017年版,第33—34页。

规律，并在对欧洲资本主义批判中提炼出了人类社会历史发展规律。要发展21世纪马克思主义，同样需要在全球范围内揭示21世纪人类社会发展的特殊规律。它需要研究：在经济全球化所导致的生产要素在全球范围优化配置和国际资本强势流动的背景下，资本主义社会基本矛盾在国内和国际领域的表现是什么？资本主义价值观和社会制度在世界上影响扩张的极限在哪儿？经济文化落后国家该如何既学习利用资本主义又避免其弊端从而超越资本主义？人类社会的文化乃至文明发展的基本特征是趋于多样性还是"趋同"？经济全球化和社会信息化对社会主义和资本主义的发展意味着什么？当代世界中如何实现无产阶级阶级利益同国家利益乃至全人类利益的统一？"自由人的联合体"同"人类命运共同体"理念间的张力何在？等等。

（二）提升了当代中国马克思主义的新境界

习近平新时代中国特色社会主义思想包含许多具有原创性、时代性的概念和理论，深化了对共产党执政规律、社会主义建设规律和人类社会发展规律的认识。

首先，对共产党执政规律认识的深化。对于执政70年的中国共产党来说，要系统总结执政规律，尚是难题。习近平新时代中国特色社会主义思想对于党的执政目标、代表利益的普遍性、执政基础、自身建设等关系执政规律的问题，在理论和实践的结合上有新的明确回答，从而深化了对共产党执政规律的认识。

关于党的执政目标。习近平总书记强调，既要巩固执政地位，又要坚持共产主义理想并领导社会革命（当然与"无产阶级专政下继续革命"的理论和实践有本质区别）；作为执政党，既要坚持党的全面领导和集中领导，包括领导人民制定宪法和法律，又必须在宪法和法律秩序范围内活动，并搞好自我革命，使自己在依法治国中坚持领导地位。这样,中国共产党在长期执政中是一身"三任",即革命党、领导党和执政党的统一。这是中国共产党与其他国家执政党的重要区别。

关于党执政所代表利益的普遍性。习近平总书记明确提出把人民对美好生活的向往作为党的奋斗目标。对于中国梦,他强调不仅是国家富强、民族振兴的梦,而且是人民幸福的梦。他所说的人民幸福,不仅强调国家富强、民族振兴对于人民幸福的意义,而且也强调每个人的人生出彩对于中国梦的价值。

关于党执政的基础。习近平总书记强调包括物质和精神两个方面,物质基础不强盛,会动摇党的执政地位,因此经济建设始终是中心工作;而如果精神基础不牢靠,党的执政地位也不可能巩固。因此,意识形态工作是党的一项极端重要的工作,要牢牢把握党在意识形态领域的领导权、管理权和话语权。

关于党的自身建设。习近平总书记强调以党的政治建设为统领,以坚定理想信念宗旨为根基,全面推进党的政治建设、思想建设、组织建设、作风建设、纪律建设,把制度建设贯穿其中。他强调要重点抓思想建党与制度治党的结合,既增强"共产党人精神上的'钙'",又要围绕赋权、用权、制权等环节,把权力关进制度的"笼子",在不断推进自我革命中增强自我净化、自我完善、自我革新、自我提高的能力。在从严治党中,坚持标本兼治,把整饬党风和严惩腐败作为突破口,来为治本赢得时间。在整饬党风中,把整治纪律特别是政治纪律挺在前面。在严惩腐败中,从打"老虎"开始逐步扩展到"蝇贪"。对于从严治党的对象,强调抓"领导干部特别是高级领导干部"这一"关键少数",等等。

其次,对社会主义建设规律认识的深化。习近平新时代中国特色社会主义思想,把中国特色社会主义理论对什么是社会主义、怎样建设社会主义,建设什么样的党、怎样建设党,以及实现什么样的发展、怎样发展等基本问题的回答，提升到新时代坚持和发展什么样的中国特色社会主义、怎样坚持和发展中国特色社会主义的高度，从而深化了对社会主义建设规律的认识。

关于党同社会主义以及同国家的关系。习近平总书记强调中国特色社会主义最本质的特征和中国特色社会主义制度的最大优势，都在于坚持中国共产党的领导。中国共产党在构建社会主义法治体系中，把党内法规体系纳入国家法治体系，既在法治体系中确保了党的领导地位，又体现了党规在"源于"宪法的同时又"严于"法律的特质，确保了我们党对人民所应承担的更高的责任。

关于"四个全面"战略布局。习近平新时代中国特色社会主义思想把"推进国家治理体系和治理能力现代化"作为全面深化改革的总目标，同时，把实现这一总目标与坚持全面深化改革的正确方向，即通过经济体制改革牵引出其他领域的改革有机统一起来。这既遵循了马克思主义关于经济基础决定上层建筑的原理，又符合中国"渐进式"改革的实践要求，有效避免了把"政治改革"作为改革重点而可能带来的风险。在深化经济体制改革中，坚持社会主义市场经济改革方向，"使市场在资源配置中起决定性作用和更好发挥政府作用"，以避免市场失灵风险和政府不恰当干预带来的弊端。

关于"五位一体"的总体布局。习近平总书记提出"创新、协调、绿色、开放、共享"的五大发展理念和总体国家安全观。在经济建设中，强调在经济新常态中促进经济持续健康发展和建设现代化经济体系；在政治建设中，强调建设中国特色社会主义法治体系，发展社会主义协商民主，为人类对更好社会制度的探索提供中国方案；在文化建设中，强调坚持马克思主义在意识形态领域的指导地位，掌握意识形态领导权、管理权和话语权，培育和践行社会主义核心价值观,确立"文化自信",建设社会主义文化强国,用马克思主义占领真理和道义制高点;在社会建设中,强调既在发展中不断改善民生,又创建中国特色社会主义的社会治理体系;在生态建设中,强调"绿水青山就是金山银山"的理念和生态文明的制度建设,等等。

再次,对人类社会发展规律认识的深化。党的十八大报告阐述中国外交理念时,提出了"倡导人类命运共同体意识"。习近平总书记在国际交往领域多次提出构建中国和东盟、中国和非洲、中国和拉丁美洲、中国和阿拉伯等区域性的"命运共同体"的思想。2015 年 9 月,在联合国成立 70 周年系列峰会上,他进一步提出"打造人类命运共同体"。"人类命运共同体"从"倡导"的"意识"到"打造"的"实践",被从外交理念上升到国际战略,集中反映了习近平新时代中国特色社会主义思想对人类社会发展规律认识的深化。2017 年 3 月 17 日,联合国安理会一致通过的第 2344 号决议,首次写入"构建人类命运共同体"的重要理念,反映了国际社会的共识。

"人类命运共同体"意识,是在不同社会制度的民族国家都存在、但又因经济全球化而造成利益相互交织的背景下,为避免因利益冲突而陷入全人类共同困境提出的,因而与马克思恩格斯的"自由人联合体"理想有重大区别。但是,这一意识强调要"尊重各国人民自主选择发展道路的权利,维护国际公平正义,反对把自己的意志强加于人,反对干涉别国内政,反对以强凌弱","推动国际秩序和全球治理体系朝着更加公正合理方向发展"[1]。其蕴涵的"共赢共享"理念意味着对社会制度对抗的冷战思维和一个国家利益剥夺另一个国家利益的零和博弈的否定,是对资本主

---

[1]《习近平谈治国理政》第 2 卷,外文出版社 2017 年版,第 42、20 页。

义价值观的扬弃，对资本主义的扩张和掠夺所造成的不公正不合理的现存世界关系的匡正。

在当代世界，世界多极化、经济全球化、文化多样化和社会信息化深入发展，世界正面临百年未有之大变局，这一时代特点，决定了各种治理赤字、信任赤字、和平赤字、发展赤字层出不穷，对国际秩序和人类生存都构成了严峻挑战，倡导"人类命运共同体"意识具有迫切性必要性。同时，各国相互依存、休戚与共，国际社会日益成为一个你中有我、我中有你的利益共同体，面对复杂的全球性问题，任何国家都不可能独善其身，因而打造"人类命运共同体"在当今世界具有现实可能性。正如习近平总书记所说，构建人类命运共同体，"是各国人民的期待，也是我们这一代政治家应有的担当"[1]。

"人类命运共同体"意识的倡导和实践的打造，弘扬了当代世界"和平、发展、公平、正义、民主、自由"的共同价值，因而将推进人类解放进程。它体现了对人类文明发展道路多样化的肯定，赋予了社会主义这个概念以新的内涵，也体现了发展中国特色社会主义与为人类和平发展事业作出贡献的统一，从而深化了对人类社会发展规律的认识。

（三）丰富了马克思主义世界观方法论的新内涵

习近平新时代中国特色社会主义思想的形成，是对马克思主义立场观点方法的运用，也是对马克思主义世界观方法论的丰富和发展。

在立场方面，体现为以人民为中心的价值观。人民是认识的主体，也是实践的主体，更是价值的主体。习近平新时代中国特

---

[1]《习近平谈治国理政》第2卷，外文出版社2017年版，第539页。

色社会主义思想强化了依靠人民、为了人民的价值理念。习近平总书记不但强调要把人民对美好生活的向往作为党的奋斗目标，还指出哲学社会科学的研究"核心要解决好为什么人的问题"，要始终用是否有利于增进人民福祉作为衡量研究成果的最高价值标准。这都是马克思主义的价值立场和党"为人民服务"的宗旨在新的历史条件下的丰富和发展。

在观点方面，体现为唯物史观和唯物辩证的理论思维。习近平总书记强调："我们党在中国这样一个有着13亿人口的大国执政，面对着十分复杂的国内外环境，肩负着繁重的执政使命，如果缺乏理论思维的有力支撑，是难以战胜各种风险和困难的。"[1]他强调社会存在决定社会意识、物质生产是历史发展的最终决定力量、社会基本矛盾是历史发展的根本动力、人民群众是历史的创造者，以及实践第一、实事求是、一切从实际出发等唯物史观的基本观点在新时代坚持和发展中国特色社会主义的理论和实践中的创造性运用。他还提出要增强辩证思维、战略思维、系统思维、创新思维和底线思维能力。辩证思维，就是承认矛盾、分析矛盾、解决矛盾，善于抓住关键和重点，全面洞察事物发展规律，对各种矛盾做到心中有数，又要优先解决主要矛盾和矛盾的主要方面，以此带动其他矛盾的解决。战略思维，就是高瞻远瞩，统揽全局，善于从全面、根本、长远的角度看问题，善于把握事物发展的总体趋势和方向。系统思维，就是用整体的、联系的、全面的观点看问题。创新思维，就是破除迷信，超越过时的陈规，善于因时制宜、知难而进、开拓进取。底线思维，就是考虑问题、办事情要从最坏处着眼，从最好处着手，补好"短板"，善于做转

---

[1]《习近平在中共中央政治局第十一次集体学习时强调　推动全党学习和掌握历史唯物主义　更好认识规律更加能动地推进工作》，《人民日报》2013年12月5日。

化争取工作,掌握主动权。这些思维都是唯物辩证的理论思维,它们丰富和发展了马克思主义的基本观点。

在方法方面,主要体现为坚持问题导向的思想方法和工作方法。习近平总书记强调,要根据时代变化和实践发展,不断深化认识,不断总结经验,不断实现理论创新和实践创新良性互动。而在这一过程中,必须坚持问题导向。他指出:"坚持问题导向是马克思主义的鲜明特点。问题是创新的起点,也是创新的动力源。只有聆听时代的声音,回应时代的呼唤,认真研究解决重大而紧迫的问题,才能真正把握住历史脉络、找到发展规律,推动理论创新。"[1]坚持问题导向,是习近平新时代中国特色社会主义思想的思想方法和工作方法,丰富和发展了马克思主义实践第一的根本方法。

---

[1] 习近平:《在哲学社会科学工作座谈会上的讲话》,人民出版社2016年版,第14页。

2 为什么说实现中国"强起来"离不开中国共产党的领导？

陈学明 复旦大学哲学学院暨马克思主义学院特聘教授、博士生导师

一 疑难问题

中国的"站起来"与"富起来"是在中国共产党的领导下实现的，这是谁也否定不了的历史事实。对于中国要进一步"强起来"，党的十九大制定了中国"强起来"的宏伟目标，与此同时，对坚持和维护中国共产党领导的重要性的强调也上升到了新的高度，这是题中应有之义。"坚持党对一切工作的领导"在习近平新时代中国特色社会主义思想的基本方略中具有首要的地位。"党政军民学，东西南北中，党是领导一切的"绝不是一般的政治观点，也不是简单的政治口号。它有着与中国走向"强起来"相一致的政治寓意和政治内涵。要深刻认识中国共产党的领导对实现中国"强起来"的至关重要，除了必须牢记历史的经验和对现实的正确把握，还离不开正确的理论导向。这一理论就是马克思主义，特别是马克思主义的政党学说。

以马克思主义的政党学说为理论基础，对学生讲清楚实现中国"强起来"需要中国共产党的领导，讲清楚中国共产党有能力

领导中国人民走向"强起来",是"习近平新时代中国特色社会主义思想概论"课的核心任务。学生要明确中国特色社会主义最本质的特征是中国共产党领导,明确中国特色社会主义制度的最大优势是中国共产党领导,不仅要知其然,更要知其所以然、所必然,深刻认识实现中国"强起来"离不开中国共产党的领导的必然性。然而,在教学实践中,不仅很多学生不能正确理解这一问题,甚至部分教师也不能深刻地把握这一问题。

二 教学解析

中国要进一步"强起来",必须继续坚持与维护中国共产党的领导。教师要以正确的理论导向重点讲清楚以下几个方面的知识:建设中国特色社会主义事业,必须更加突出中国共产党的领导;中国共产党的宗旨决定了其领导中国人民走向"强起来"具有合法性;要使中国"强起来"就必须维护以习近平同志为核心的党中央的权威;从严治党使中国共产党领导中国人民走向"强起来"有了切实可靠的保证。

(一)建设中国特色社会主义事业,必须更加突出中国共产党的领导

习近平总书记指出:中国特色社会主义进入了新时代。那为什么在这样一个时期更加突出和强调坚持和维护中国共产党的领导呢?这是由新时代的中国特色社会主义所面临的客观现实决定的。

第一,进入新时代,我国发展的广度和深度前所未有,各种利益关系的复杂程度前所未有,国际上大国角力的激烈程度前所未有。我们要进行具有许多新的历史特点的伟大斗争,全国人民

必须更紧密地凝聚起来,而能够把全国人民更紧密地凝聚在一起团结奋斗的只能是中国共产党。党的十九大报告制定了中华民族伟大复兴新的奋斗目标。但这一奋斗目标绝不是轻轻松松、敲锣打鼓就能实现的。这里的关键是要统筹各方面工作、协调各种利益、理顺重大关系,把党心、民心凝聚在一起。试问,在当今中国,除了中国共产党,还有什么力量能履行这样的职责、具有这样的力量呢?中国人民越来越深刻地体会到,有血性、能团结战斗的民族才有未来和希望。一个民族的团结,是力量之源、胜利之本。中国人民过去吃"涣散""一盘散沙"的亏还少吗?中国只是在诞生了中国共产党以后,才由涣散走向团结、由分裂走向统一、由懦弱走向刚强。当今中国确实更加需要中国共产党作为核心力量,把整个民族和国家团结在一起,凝聚在一起。

第二,随着中国特色社会主义进入新时代,如何确保人民利益至上,如何确保人民主体地位的问题会越来越突出和迫切。一种政治力量,只有坚持以人民为中心,把人民视为历史的创造者,视为国家前途命运的根本力量,才能践行全心全意为人民服务的宗旨,才能确保人民的主体地位,与此同时,才能获得人民群众的支持和拥护。在当今中国,这种政治力量非中国共产党莫属。一个政党的阶级本性,就在于其代表性,而中国共产党的性质体现了其人民性。人民性是习近平新时代中国特色社会主义思想的主要特征。"人民"一词是党的十九大报告中用得最多的词汇之一,在党的十九大报告中共出现 203 次。在报告开篇,习近平总书记就指出:"不忘初心,方得始终。中国共产党人的初心和使命,就是为中国人民谋幸福,为中华民族谋复兴。"[1] 在报告的

---

[1] 习近平:《决胜全面建成小康社会 夺取新时代中国特色社会主义伟大胜利——在中国共产党第十九次全国代表大会上的报告》,人民出版社 2017 年版,第 1 页。

"新时代中国特色社会主义思想和基本方略"部分中，习近平总书记阐述了新时代中国特色社会主义思想中的人民中心、人民主体、人的全面发展、人民共同富裕、人民当家作主以及民生改善保障等论断。有这样一个与人民群众血肉相连的党来领导，就能为实现中华民族伟大复兴的使命提供持久的动力。

第三，中国特色社会主义进入新时代以后，带领中国人民行进在新时代中国特色社会主义大道上的领导力量，会面临新的重大风险和考验。承担着重大历史使命的政党只有以顽强意志品质正风肃纪、反腐惩恶，消除内部存在的严重隐患，更新内部的政治生活气象，促使党内政治生态不断好转，才有可能给自己的事业的发展提供坚强政治保证。显然，中国共产党具备这样的条件，也只有中国共产党具备这样的条件。党的十八大以来，中国共产党全面从严治党成效卓著。党的十九大报告强调全面从严治党永远在路上；向全党提出要深刻认识党面临的执政考验、改革开放考验、市场经济考验、外部环境考验的长期性和复杂性；提出了新时代党的建设总要求；强调必须把党的政治建设放在首位，把坚定理想信念作为党的思想建设的首要任务；还就如何建设高素质专业化的干部队伍、如何加强基层组织建设等制定了一系列具体的措施。党的十九大报告特别表现出了"夺取反腐败斗争压倒性胜利"的坚如磐石的决心，"无禁区""全覆盖""零容忍""强化不敢腐的震慑""扎牢不能腐的笼子""增强不想腐的自觉"这些气吞山河、铿锵有力的语言，震撼人心。面对这样一个立誓要"通过不懈努力""换来海晏河清、朗朗乾坤"的政党，人民群众选择她、信任她，是题中应有之义。

第四，中国特色社会主义进入新时代，意味着近代以来久经磨难的中华民族迎来了从站起来、富起来到强起来的伟大飞跃。一个处于领导地位的政党，只有审时度势，自觉地带领人民迎接和适应这一新的时代,按照新时代如何"强起来"的要求,及时地提出新的目标和方向,才有资格和可能带领人民群众奔向无限美好的明天。中国共产党正是这样做的。习近平总书记在党的十九大报告中作出了"经过长期努力,中国特色社会主义进入了新时代,这是我国发展新的历史方位"这一重大政治判断。新的历史方位建立在对我国社会主要矛盾发生了变化这一科学依据上。习近平总书记指出:"我国社会主要矛盾已经转化为人民日益增长的美好生活需要和不平衡不充分的发展之间的矛盾。"[1]这确实是从历史与现实、理论和实践、国内和国际等的结合上进行思考得出的正确结论。习近平总书记关于中国特色社会主义进入新时代和社会主要矛盾转化的论述,关于中国共产党必须为满足人民群众对美好生活的需要而努力奋斗的承诺,得到了中国人民的热切关注和广泛拥护。在这种情况下,人民群众心里非常明白,拥护中国共产党的领导,跟着中国共产党走,就意味着不仅可以满足"物质文化"方面的需要,而且还能满足在"民主、法治、公平、正义、安全、环境"等方面的需要,就意味着可以实现"自由而全面的发展",创建新的人的存在方式,跨入新的人类文明。因此,代表着历史前进方向的中国共产党必然会赢得人民群众的拥护和支持。

(二)中国共产党的宗旨决定了其领导中国人民走向"强起来"具有合法性

《共产党宣言》是作为无产阶级政党的共产党的第一个党纲。马克思恩格斯在这里深刻地阐述了为什么要成立无产阶级政党,

---

[1] 习近平:《决胜全面建成小康社会 夺取新时代中国特色社会主义伟大胜利——在中国共产党第十九次全国代表大会上的报告》,人民出版社2017年版,第11页。

以及作为无产阶级政党的共产党的性质和宗旨。

马克思恩格斯认为:"在当前同资产阶级对立的一切阶级中,只有无产阶级是真正革命的阶级。"[1]原因就在于无产阶级是现代大工业的产物,代表着先进的生产力和社会的未来。"在一切生产工具中,最强大的一种生产力是革命阶级本身。"[2]无产阶级代表了最先进的生产力,从而自身也成了一种"最强大的生产力"。无产阶级是"资产阶级国家的奴隶",身处"社会的最下层",对于它来说,没有什么必须保留的东西,只有摧毁保护私有财产的一切,并实现全社会所有,才能翻身解放。无产阶级是最革命的阶级,它担负着充当资本主义社会的"掘墓人",推翻资本主义社会并建设一个新社会的历史使命。那么,它究竟如何才能完成这一历史重任呢?马克思恩格斯指出,无产阶级要实现其伟大的历史使命,就必须建立无产阶级独立的革命政党,即共产党。马克思恩格斯强调,作为无产阶级政党的共产党,是无产阶级革命事业的领导力量,共产党的正确领导,是实现无产阶级历史使命的根本保证。他们这样说道:"无产者组织成为阶级,从而组织成为政党这件事,不断地由于工人的自相竞争而受到破坏。但是,这种组织总是重新产生,并且一次比一次更强大、更坚固、更有力。"[3]

《共产党宣言》提出了这么一个问题:"共产党人同全体无产者的关系是怎样的呢?"[4]马克思恩格斯自己回答说,共产党人不是同其他工人政党相对立的特殊政党,他们没有任何同整个无产阶级的利益不同的利益。"他们不提出任何特殊的原则,用以塑

---

[1]《马克思恩格斯文集》第3卷,人民出版社2009年版,第437页。
[2]《马克思恩格斯文集》第1卷,人民出版社2009年版,第655页。
[3]《马克思恩格斯文集》第2卷,人民出版社2009年版,第40—41页。
[4] 同上书,第44页。

造无产阶级的运动"[1]。这就是说，共产党的性质完全代表无产阶级的利益，共产党的性质决定了共产党人的宗旨就是全心全意地为无产阶级谋利益，除了忠实地代表无产阶级的利益之外，共产党没有自身的什么"特殊的利益"。共产党倘若在无产阶级利益之外还有自身的什么"私利"，那么它的性质就改变了，就不是什么无产阶级政党了。而无产阶级的利益又是同广大人民群众的利益高度一致的，从而代表无产阶级的利益就是代表广大人民群众的利益。马克思恩格斯是这样从实践和理论两个方面总结共产党人的主要特征的："在实践方面，共产党人是各国工人政党中最坚决的、始终起推动作用的部分"；"在理论方面，他们胜过其余无产阶级群众的地方在于他们了解无产阶级运动的条件、进程和一般结果。"[2] 这就是说，共产党是这样一个组织：它以最坚定不移、始终如一的实际行动投入无产阶级革命运动，它最透彻地了解无产阶级革命运动具有怎样的条件才能形成，其实际进程如何，最终它将产生什么样的成果。

中国共产党是无产阶级政党，按照马克思恩格斯对无产阶级政党性质的论述，中国共产党的宗旨就是忠实地代表无产阶级和广大劳动人民的利益，全心全意地为他们谋利益。中国共产党领导中国人民"站起来""富起来"是由这一宗旨决定的，今天其继续领导中国人民"强起来"也是由这一宗旨决定的。由中国共产党来领导中国人民走向"强起来"的"合法性"主要源自以人民的根本利益为本。习近平总书记之所以在治国理政方面取得了为世人所瞩目的成就，之所以在担任党和国家主要领导人以来在国内外赢得了巨大的声誉，关键在于他对执政的"合法性"在于

---

[1]《马克思恩格斯文集》第4卷，人民出版社2009年版，第3页。
[2] 同上书，第324页。

"执政为民"这一点有着深刻的认识并卓有成效地付之于实践。他提出了"人心向背是最大的政治"的著名论断，这一论断鲜明又简洁地表述了中国共产党执政"合法性"的根基所在。他所说的"人心向背"不仅具有理论上的整体性、实践上的整体性、历史上的整体性，而且在内容上具有民生和民主的具体内涵，也就是说这个"人心"既包括反腐败的大快人心，也包括促进民生的大获人心，是大快人心的反腐败和大获人心的促民生的有机统一。他站在历史唯物主义的高度提出，中国共产党作为马克思主义执政党，其最大政治优势是密切联系群众，最大危险是脱离群众。他在党的十八届中央政治局常委同中外记者见面讲话中指出："人民对美好生活的向往，就是我们的奋斗目标。"他说，"接过历史的接力棒，继续为实现中华民族伟大复兴而努力奋斗，使中华民族更加坚强有力地自立于世界民族之林，为人类作出新的更大的贡献"，这是重大的责任，而"这个重大责任，就是对人民的责任"[1]。在党的十九大报告中，他更是把"坚持以人民为中心"作为新时代坚持和发展中国特色社会主义的基本方略。

（三）要使中国"强起来"就必须维护以习近平同志为核心的党中央的权威

马克思主义政党理论的一个重要内容是论述了群众、阶级、政党、领袖之间的相互关系。对此，列宁有一段著名的话："群众是划分为阶级的；只有把不按照生产的社会结构中的地位区分的大多数同在生产的社会结构中占有特殊地位的集团对立时，才可以把群众和阶级对立起来；在通常情况下，在多数场合，至少在现代的文明国家内，阶级是由政党来领导的；政党通常是由最有

---

[1]《习近平谈治国理政》，外文出版社2014年版，第4页。

威信、最有影响、最有经验、被选出担任最重要职务而称为领袖的人们所组成的比较稳定的集团来主持的。"[1] 列宁的这段话深刻地阐明了群众、阶级、政党、领袖的相互关系以及他们在创造历史中的作用。

对于群众与阶级,对于群众、阶级与政党的关系容易理解,关键在于要理解群众、阶级、政党与领袖的关系。人民群众、无产阶级要实现自己伟大的历史使命,不仅需要有自己的政党,而且还得有自己的领袖。对政党的需要和对领袖的需要是完全一致的。人民群众、无产阶级如果没有自己的政党,就好像要到达美好的彼岸,却缺少航船;而人民群众、无产阶级倘若没有自己的领袖,就好比即使有了到达彼岸的航船却缺少驾驭航船的舵手。这就是说,人民群众、无产阶级之所以需要"最有威信、最有影响、最有经验"的领袖,正是因为在奔向美好彼岸的航程中,需要有舵手驾驭航船,乘风破浪,驶向胜利。对于领袖的不可或缺的作用,马克思这样说道:"如爱尔维修所说的,每一个社会时代都需要有自己的大人物,如果没有这样的人物,它就要把他们创造出来。"[2] 列宁则说得更加直截了当:"在历史上,任何一个阶级,如果不推举出自己的善于组织运动和领导运动的政治领袖和先进代表,就不可能取得统治地位。"[3] 按照马克思主义的政党理论,人民群众、无产阶级的领袖之所以能够发挥巨大的作用,关键在于他们一方面没有特殊的个人利益,体现着无产阶级大公无私的高贵品质;另一方面他们既是革命家又是思想家,既能从理论上解决极其复杂的问题,又能领导党、阶级、人民群众进行实际斗争,他们体现着理论与实践的高度统一。

---

[1]《列宁全集》第 39 卷,人民出版社 2017 年版,第 21 页。
[2]《马克思恩格斯文集》第 2 卷,人民出版社 2009 年版,第 137 页。
[3]《列宁全集》第 4 卷,人民出版社 2013 年版,第 342 页。

马克思主义的政党理论对领袖人物的充分肯定是建立在历史唯物主义关于人民群众和个人在历史上作用的学说基础之上的。首先,历史唯物主义坚持社会存在决定社会意识,肯定人民群众创造历史的决定作用。其不仅在理论上而且在实践上不断批判英雄史观,从而使人民群众真正成为创造历史的自觉的主人,这构成了历史唯物主义的一个根本的任务。历史唯物主义认为人民群众不但是社会物质财富和精神财富的创造者,而且还是社会变革的决定力量。毛泽东对群众史观有过一个经典表述:"人民,只有人民,才是创造世界历史的动力。"[1] 其次,历史唯物主义在肯定人民群众创造历史的前提下,同时又承认个人对社会发展的影响作用,甚至重大的影响作用。历史唯物主义认为,历史是由各种各样的个人的活动所构成的,人生活在世界上,总要留下一点痕迹,总要产生一些影响。历史人物作为历史事件的当事人和历史任务的发起者,则在历史上打上了自己深深的印记。特别是无产阶级的领袖,无产阶级革命的伟大实践赋予他们以其他一切历史人物不可同日而语的伟大作用。

马克思主义政党理论对人民群众与个人在历史上的作用的辩证认识,引出了其对领袖与群众相互关系的辩证分析。一方面,必须认识领袖的巨大作用归根到底是由群众给予的,而且领袖的作用总是通过群众的实践体现出来的,倘若没有广大人民群众的积极参与,不管领袖的思想如何正确,都不可能付诸现实,从而领袖必须依靠群众;另一方面,也得承认群众确实需要领袖,如果没有领袖,群众就会成为"一盘散沙",处于"群龙无首"的状态,没有领袖的引领和组织,群众再美好的愿望都会成为泡影。当无产阶级和广大劳动人民明白了不仅要有自己的政党,而

---

[1] 《毛泽东选集》第3卷,人民出版社1991年版,第1031页。

且也应有自己的领袖这一点后，他们就会自觉地维护和拥戴自己的领袖。从这一意义上说，对人民的领袖的维护就是对党的利益、阶级的利益、人民的利益的维护。维护和拥戴自己的领袖，这是出于阶级的自觉，是人民群众的根本利益所在。维护自己的领袖，实际上就是维护领袖的权威。把维护领袖的权威理解成搞独裁是片面的。恩格斯反对独裁，但他同时又批判那种所谓"反权威主义"的论调。他说道："把权威原则说成是绝对坏的东西，而把自治原则说成是绝对好的东西，这是荒谬的。"[1]他还这样严厉地批判了反权威主义者："总之，二者必居其一。或者是反权威主义者自己不知所云，如果是这样，那他们只是在散布糊涂观念；或者他们是知道的，如果是这样，那他们就背叛了无产阶级运动。在这两种情况下，他们都只是为反动派效劳。"[2]马克思主义政党理论认为只有维护领袖的权威才能增强党的战斗力，确保党的事业的发展，这一理论被党的十八大以来的现实所确证。

党的十八大以来，中国在"强起来"的征途上所取得的一系列成就是与以习近平同志为核心的党中央的权威的不断增强同步的。维护以习近平同志为核心的党中央的权威是中国走向"强起来"的政治保证。以习近平同志为核心的党中央所提出的增强政治意识、大局意识、核心意识、看齐意识，对维护权威起着至关重要的作用。在"四个意识"中，核心意识、看齐意识是基础性的、本质性的，是对政治意识、大局意识的检验和评判。在走向"强起来"的历史进程中，干部精英特别是党的领袖起着关键的作用。这就要求人们，尤其是共产党员，同党中央保持高度一致，自觉地维护党中央权威。

---

[1]《马克思恩格斯文集》第3卷，人民出版社2009年版，第337页。
[2] 同上书，第338页。

(四)从严治党,使中国共产党领导中国人民走向"强起来"有了切实可靠的保证

马克思主义的政党理论主要有两个部分:其一阐述无产阶级政党的性质与宗旨;其二论述无产阶级政党如何进行自身的建设。前者在当今中国的意义是可以以此为依据,来说明为什么必须由中国共产党带领中国人民走向"强起来";后者在当今中国的意义则在于中国共产党可在其指引下进行自身的建设,使中共真正能够承担起带领中国人民走向"强起来"这一历史使命。当我们按照马克思主义政党理论说清楚对无产阶级政党的性质、宗旨的阐述,在当今中国要实现"强起来"必须加强中国共产党的领导这一点以后,接下来需要论述的一个问题是中国共产党能不能承担起这一使命,即中共有没有能力带领中国人民走向"强起来"?这完全取决于中国共产党本身的建设。

如果中国共产党能够全面从严治党,致力于自身的建设,不断提高自己的执政能力和领导水平,把自己建设成为一个人民衷心拥护的马克思主义政党,那么,中国共产党就能始终走在时代前列,就如带领中国人民"站起来""富起来"那样,率领中国人民进一步走向"强起来"。如何进行自身的建设?在什么样的思想指导下进行自己的建设?毫无疑问,指导中国共产党进行自身建设的理论就是马克思主义,确切地说,是马克思主义的关于党的建设的理论。马克思主义特别是马克思主义的政党理论在当今中国的现实意义,在这里再次充分地显示出来。马克思主义包含着系统的关于无产阶级政党如何开展自身建设的理论。马克思主义经典作家认定无产阶级必须有自己的独立政党,并系统地回答了要建设一个什么样的党和怎样建设党的问题。马克思恩格斯为无产阶级政党建设奠定了理论基础。列宁在新的历史条件下捍卫和发展了马克思主义,他不仅创立了新型的无产阶级政党,使俄共(布)成为世界上第一个在全国执政的无产阶级政党,而且致力于对马克思主义执政党的建设的新探索,形成了比较完整的建党学说。以毛泽东为代表的中国共产党人把马克思主义的基本原理同中国的具体实践相结合,创立了毛泽东思想,其中的一个重要组成部分,即毛泽东建党理论。以毛泽东为代表的中国共产党人在使中国共产党成为世界上最大的长期执政的无产阶级政党的同时,以更为完备的形态丰富和发展了马克思主义建党学说。马克思主义的建党理论十分丰富,既包括无产阶级政党的政治纲领和策略原则,又内含无产阶级政党的组织原则和组织形式。

为了维护无产阶级政党的革命性和纯洁性,马克思主义建党理论有以下几个特点:一是特别强调无产阶级政党必须以马克思主义作为理论基础,必须明确党纲,树立旗帜,一切加入无产阶级政党的人,必须无条件地接受党的科学纲领,而且绝不可以把党的最终目的变为空洞的口号,而是应当把实现最终目的的斗争和当前条件下所需要的政治行动密切结合起来。二是特别强调必须坚持不懈地与各种非马克思主义思想进行斗争,必须澄清各种反马克思主义思潮以提高党的理论水平,以科学社会主义作为党的理论基础,这"是任何一个无产阶级政党内都根本不容讨论的问题。在党内讨论这些问题,就意味着对整个无产阶级社会主义提出怀疑"[1]。三是特别强调加强党内民主建设,增强党的凝聚力和战斗力,明确民主集中制是党的根本组织原则。四是特别强调维护党的领导核心的权威与作用,认为民主制与加强党的领导和权威并不矛盾,维护党的领导和权威是党的纲领和决议得以贯彻执行的保证。五是特别强调坚持党的团结统一,尤其要注意党

---

[1]《马克思恩格斯文集》第10卷,人民出版社2009年版,第444页。

的中央领导集团的稳定与团结，防止产生分裂的危险。六是特别强调保持党的优良作风，尤其是密切联系群众的作风，坚决杜绝"人民的公仆"变为"人民的主人"，认为共产党"最严重最可怕的危险之一，就是脱离群众"[1]。七是特别强调严格党内监督，通过健全批评和自我批评来促使党的领导忠诚地履行自己的职责。八是特别强调要不断纯洁党的队伍，认为无产阶级政党一旦成为执政党，一些投机分子、坏分子就会"改头换面"寻找机会混进执政党，在这种情况下，全部问题的关键就在于，"以健康的强有力的先进阶级作为依靠的执政党，要善于清洗自己的队伍"[2]。所有这些马克思主义的建党基本原则都成了中国共产党进行全面从严治党的指导思想。

党的十九大为如何"坚定不移地从严治党，不断提高党的执政能力和领导水平"作出了全面的部署。纵观党的十九大为全面从严治党所提出的新要求和作出的新部署，不难看出，其中渗透着马克思主义的建党思想，是马克思主义建党理论在当代中国的生动体现和创新发展。党的十九大强调"中国特色社会主义进入新时代，我们党一定要有新气象新作为"[3]。中国特色社会主义进入了新时代，中国共产党对党的建设也达到了新的境界。以习近平同志为核心的党中央把推进新时代的中国特色社会主义事业视为伟大的社会革命，又把全面从严治党视为确保这一社会革命得以成功的"自我革命"。有人因为改革开放以来中国共产党内出现了一些腐败分子，就怀疑中国共产党究竟还有没有能力进行自我纠错、自我净化，从而怀疑中国共产党还有没有能力带领中国

---

[1]《列宁全集》第42卷，人民出版社2017年版，第383页。
[2]《列宁全集》第37卷，人民出版社2017年版，第26页。
[3] 习近平：《决胜全面建成小康社会 夺取新时代中国特色社会主义伟大胜利——在中国共产党第十九次全国代表大会上的报告》，人民出版社2017年版，第61页。

人民进一步走向"强起来"。回避错误是一个政党虚弱的表现，马克思主义的政党更应该敢于直面自身错误，而中国共产党实际上光明磊落地面对了自己的历史错误，包括面对今天党内出现的种种腐败现象。政党是为着实现一定的政治目的而建立的组织，就其本意说当然不希望犯错误，或者说错误越小越好，没有错误就意味着能够较为顺利地实现自己的目的。但是，古往今来，政党或者团体、组织、政治人物，完全不犯错误几无可能，马克思主义政党也不例外。基本的历史事实是，中国共产党尽管犯过错误，但其是具有纠错能力的政党，能够把握住纠错的时机，转危为安。一方面，中国共产党拥有能够纠错的思想武器；另一方面，中国共产党又拥有民主集中制的纠错机制。党的十八大以来的反腐败斗争既取得了令人振奋的成绩，也暴露出了腐败问题之严重是触目惊心的，但本质上这场反腐败斗争仍然体现了中国共产党的自我纠错。中国共产党将继续坚持反腐败斗争，打铁还需自身硬，"打铁"的人是中国共产党。一切有判断能力的中国人应该认识到，只有在早已轻装上阵、目标清晰、坚毅无比的中国共产党的领导下，中国人民才能真正进一步走向"强起来"。

3 如何以大历史观看待中华民族复兴的伟大梦想?

李　冉　复旦大学马克思主义学院教授、博士生导师
李国泉　复旦大学马克思主义学院讲师

一　疑难问题

习近平总书记在党的十八大召开后不久就提出实现中华民族伟大复兴的战略愿景,并把其形象地概括为"中国梦"。他强调:"中国梦是一种形象的表达,是一个最大公约数,是一种为群众易于接受的表述,核心内涵是中华民族伟大复兴,可以适当拓展,但不能脱离中华民族伟大复兴这个主题,要紧紧扭住这个主题激活和传递正能量。"[1] 可以说,实现中华民族伟大复兴中国梦战略构想的提出,彰显了习近平新时代中国特色社会主义思想的目标旨向,为新时代坚持和发展中国特色社会主义的理论和实践注入了新的内涵。

考察中华民族复兴的伟大梦想,要以大历史观来观照。教师在讲授这一问题的过程中,要把它放到中华民族5 000多年的文明

---

[1]《习近平关于实现中华民族伟大复兴的中国梦论述摘编》,中央文献出版社2013年版,第10页。

史、中国人民近代以来 170 多年的抗争史、中国共产党 90 多年的奋斗史中加以系统解读。在宏观的历史大视野下探析中华民族伟大复兴的发生根据,厘清中国共产党的道路选择和历史担当,是一个不容易讲清楚的难题。讲清楚这个问题,有利于引导学生更加全面地理解实现中华民族伟大复兴的历史必然性,更加深刻地把握新时代中国共产党人的奋斗目标。

二 教学解析

在 2019 年年初的欧洲之行中,习近平总书记对意大利总理孔特说:"拥有悠久的历史、璀璨的文明,这是我们两个国家的共通之处。我们对于时间的理解,不是以十年、百年为计,而是以百年、千年为计。"[1] 这种大历史观是新时代中国共产党人看待历史问题的根本方法论原则。教师在讲授大历史观下的中华民族伟大复兴问题时,要重点讲清楚"中华民族伟大复兴"命题的发生根据、历史的求索与社会主义的定向、中国共产党的历史贡献与新时代民族复兴的光明前景等基本问题。

(一)"中华民族伟大复兴"命题的发生根据

马克思在《资本论》手稿中指出:"火药、指南针、印刷术——这是预告资产阶级社会到来的三大发明。火药把骑士阶层炸得粉碎,指南针打开了世界市场并建立了殖民地,而印刷术则变成新教的工具,总的来说变成科学复兴的手段,变成对精神发展创造必要前提的最强大的杠杆。"[2] 这段论述言语不多,但是

---

[1]《"我们对于时间的理解"(习近平主席访问欧洲微镜头)》,《人民日报》2019 年 3 月 26 日。
[2]《马克思恩格斯文集》第 8 卷,人民出版社 2009 年版,第 338 页。

却从多个维度深刻说明了中国古代科学技术如何为资本主义文明的产生奠定必要条件、如何深刻地改变了世界历史进程的问题。

这不过是中华民族在5 000多年文明史中所创造的科技成就的一个缩影。中国古代科学技术的发展长期处于世界先进地位。当然，不仅仅是在科学技术领域，在很长一段时间内，中国古代社会发展的文明程度都要全面胜于同时代的西方。中华民族是一个有着巨大创造力的伟大民族，我们的祖先在长达5 000多年的历史长河中，创造出了独具魅力的灿烂文明。作为"四大文明古国"之一，中国对人类文明进步作出了不可磨灭的重大贡献。

根据目前的考古发现，最晚在仰韶文化晚期至龙山文化早期（距今约5 000多年），我国就已经出现一些简易的农业生产工具和原始文字符号。中国是世界上最早发明文字的国家之一，以甲骨文的发明为重要标志，我国在夏商时期就已经迈进了真正意义上的文明时代。这比古罗马和古希腊要早数百年。而且，中国比欧洲早900多年就建立了封建主义制度，并经历了多个经济文化高度繁荣的封建盛世。从历史上看，国力强盛的时期往往也是中国积极开展对外交往的时期。比如，在西汉初期的"文景之治"之后，联结亚欧大陆的东西方文明交流的交通要道逐步形成，史称"丝绸之路"。再比如，唐代的"贞观之治"造就了一个盛唐时期，我国当时不仅拥有世界上最强大的经济和科技水平，而且一度成为亚洲乃至全世界的经济文化交流中心。

以上事实充分展现了中华民族辉煌而灿烂的历史。当欧洲资本主义国家依靠工业革命和法国大革命等雄风蒸蒸日上之时，中国却由于封建统治的腐败和闭关自守，呈现出江河日下之势。"落后就要挨打"，这在资本主义主导的世界体系中是一条铁律。1840年，英国对中国发动了鸦片战争，落后的清政府挡不住资本主义的"坚船利炮"，开始一步步地走向半殖民地半封建的深渊。鸦片战争的爆发是中华民族由盛转衰的转折点，它开启了中华民族被侵略的百年屈辱史。

毛泽东说："我国从十九世纪四十年代起，到二十世纪四十年代中期，共计一百零五年时间，全世界几乎一切大中小帝国主义国家都侵略过我国，都打过我们，除了最后一次，即抗日战争，由于国内外各种原因以日本帝国主义投降告终以外，没有一次战争不是以我国失败、签订丧权辱国条约而告终。其原因：一是社会制度腐败，二是经济技术落后。"[1] 邓小平同样指出："中华民族自鸦片战争以来的一个多世纪，在世界上一直处于卑下地位，人家看不起中国人。"[2] 这是何等的耻辱！在这一百多年的历史中，外国侵略者的压迫与掠夺，造成中华大地山河破碎，导致中华民族陷入极端的屈辱和贫困之中，使中国人民遭受了人类社会发展历史上罕见的苦难。

总体而论，如果说由于曾经创造过辉煌灿烂的文明成就，中国人民深刻认识了中华民族伟大复兴的意义，那么，在蒙受了百年的外敌入侵和内部动乱后，中国人民更加强烈地渴望实现中华民族的伟大复兴。这就是"中华民族伟大复兴"命题发生的内在根据。

（二）历史的求索与社会主义的定向

对中华民族近代历史的考察，要理解其中蕴含的双重向度。近代以来170多年的历史，既是中华民族被西方帝国主义欺凌的历史，也是中国人民不断奋起抗争的历史。习近平总书记指出："近代以后，我们的民族历经磨难，中华民族到了最危险的时候。

---

[1]《毛泽东文集》第8卷，人民出版社1999年版，第340页。
[2]《邓小平文选》第3卷，人民出版社1993年版，第227页。

自那时以来,为了实现中华民族伟大复兴,无数仁人志士奋起抗争,但一次又一次地失败了。"[1]为什么近代中国人的历史求索无一例外地都走向了失败?为什么只有社会主义才能救中国?解析这两大问题,首先需要深入分析近代中国人进行历史求索的主要形式。

近代中国人救亡图存历史求索的第一种主要形式是旧式农民革命。

中华民族是富有革命传统的民族,在历史上曾爆发数百次农民起义。在鸦片战争以前,中国社会的主要经济结构是带有剥削性质的封建土地所有制,这一经济结构决定了社会的主要矛盾是农民阶级和地主阶级之间的矛盾。为了维护封建时代的经济结构,以及巩固对于农民阶级的统治地位,地主阶级建立了相应的政治上层建筑,即专制主义的中央集权的封建国家。在这样的经济关系和政治制度下,农民阶级只能是被剥削、被奴役的对象,他们不仅没有劳动自由,而且也不能充分享受自己的劳动成果。这就迫使农民不得不经常团结起来反抗他们的统治者。但是这些反抗运动往往以失败告终,其根源在于农民阶级自身的局限性导致其未能铲除封建主义的经济基础。

近代以来,为了把中华民族从苦难中挽救出来,从而实现自身的解放,农民革命的热情同样高涨。1851—1864年的太平天国运动,是中国近代史上的一次规模空前的反帝反封建运动。然而,太平天国运动仍旧属于旧式农民革命的范畴,这场轰轰烈烈的运动不可避免地走向了失败。19世纪末爆发的义和团运动,同样是力求挽救中国于存亡之中的农民斗争。在严重的民族危机面前,义和团以"扶清灭洋"为口号,打击了帝国主义列强瓜分中国的

---

[1]《习近平谈治国理政》,外文出版社2014年版,第3页。

图谋,但是并未能实现民族的独立和自由。太平天国运动和义和团运动走向失败的一个共同原因,其实和鸦片战争以前的农民革命有相似之处,都在于缺乏先进理论的指导,以及缺乏先进阶级及其政党的领导,因而它们都没能推翻封建主义制度进而改变中华民族的悲惨命运。

近代中国人救亡图存的另一种主要形式是软弱的资产阶级运动。

在19世纪后半期,世界资本主义的发展呈现出新的特点。第一,19世纪60年代俄国农奴制改革、美国南北战争和日本的明治维新运动相继发生,资本主义制度在世界范围内纷纷确立,资本主义世界体系初步形成。第二,以19世纪70年代爆发的第二次工业革命为契机,资产阶级不断改进生产技术和加强对资本的垄断,促进自由资本主义向垄断资本主义过渡。这产生的直接影响是,它使得向西方学习"真理"以发展资本主义在19世纪末20世纪初成为一种时代潮流。

毛泽东形象地描述了当时先进中国人的心理:"要救国,只有维新,要维新,只有学外国。那时的外国只有西方资本主义国家是进步的,它们成功地建设了资产阶级的现代国家。日本人向西方学习有成效,中国人也想向日本人学。"[1] 1898年,以康有为、梁启超为代表的维新派人士通过光绪皇帝发动戊戌变法,主张推进资产阶级改良运动。几乎就在同一时期,孙中山领导成立兴中会,最早提出"振兴中华"的口号。1911年爆发的辛亥革命,就是旨在振兴中华的重要尝试,这场资产阶级民主革命推翻了中国的封建专制制度,具有重大的历史意义。这场革命引发了中国资产阶级政党政治的热潮。据统计,"20世纪初,资产阶级政党政治

---

[1]《毛泽东选集》第4卷,人民出版社1991年版,第1470页。

在中国兴起，在北京、上海等地出现过大大小小 300 多个政党和政治团体，但很快就在中国政治舞台上销声匿迹了"[1]。

近代中国的历史已经充分表明，资本主义道路在中国走不通。其根本原因在于，在半殖民地半封建社会中，中国资本主义生产力落后，不能支撑起资本主义的生产关系。这一点和欧洲国家不同，后者走向资本主义的动因，是由于封建主义的生产关系和上层建筑阻碍了资本主义相对发达的生产力的发展。外国资本主义的侵入，对中国封建社会的经济基础造成了破坏作用，但是问题在于，新的生产关系并没有建立起来。民族资本主义有了某些发展，然而它始终没能成为中国社会经济的主要形式，所以，软弱的民族资产阶级不可能担负起实现中华民族伟大复兴的历史重任。

此外，其他的各种主义也在中国遭遇了失败。正如习近平总书记所说："在中华民族积贫积弱、任人宰割的时期，各种主义和思潮都进行过尝试，资本主义道路没有走通，改良主义、自由主义、社会达尔文主义、无政府主义、实用主义、民粹主义、工团主义等也都'你方唱罢我登场'，但都没能解决中国的前途和命运问题。"[2] 中华民族向何处去？这成为困扰近代中国人的一个根本问题。

在先进中国人的苦苦求索无果以后，特别是在辛亥革命失败以后，俄国爆发了十月革命，建立了苏维埃社会主义国家，开启了世界历史的新方向。中国人从此看到了曙光，找到了"中华民族向何处去"的答案。毛泽东指出："中国人找到马克思主义，是经过俄国人介绍的。在十月革命以前，中国人不但不知道列宁、斯大林，也不知道马克思、恩格斯。十月革命一声炮响，给我们送来了马克思列宁主义。十月革命帮助了全世界的也帮助了中国

---

[1]《习近平新时代中国特色社会主义思想三十讲》，学习出版社 2018 年版，第 33 页。

[2]《十八大以来重要文献选编》（上），中央文献出版社 2014 年版，第 109 页。

的先进分子,用无产阶级的宇宙观作为观察国家命运的工具,重新考虑自己的问题。走俄国人的路——这就是结论。一九一九年,中国发生了五四运动。一九二一年,中国共产党成立。"[1]

走俄国人的路,就是走社会主义道路。俄国的十月革命,俄国的社会主义运动,是对列宁革命理论的成功实践,它为中华民族探索如何实现伟大复兴提供了实践的可能性,提供了一种全新的道路选择。既然经济文化相对落后的俄国可以不经过资本主义阶段而实现社会主义,中国为什么不可以呢?

中国人民在五四运动中作出了自己的选择。在纪念五四运动100周年大会上的讲话中,习近平总书记说:"五四运动,爆发于民族危难之际,是一场以先进青年知识分子为先锋、广大人民群众参加的彻底反帝反封建的伟大爱国革命运动,是一场中国人民为拯救民族危亡、捍卫民族尊严、凝聚民族力量而掀起的伟大社会革命运动,是一场传播新思想新文化新知识的伟大思想启蒙运动和新文化运动,以磅礴之力鼓动了中国人民和中华民族实现民族复兴的志向和信心。"[2]五四运动是马克思主义在中国传播的分水岭。与之前马克思主义的零散传入相比,这场运动为马克思主义在中国的传播发展开辟了道路。一批先进的青年知识分子,从对各种社会思潮、政治主张和政治力量的鉴别中认真思考,最终接受和积极传播马克思主义特别是科学社会主义理论。从此,中华民族的伟大复兴有了社会主义的历史定向。

(三)中国共产党的历史贡献与新时代民族复兴的光明前景

回顾中国人民为实现民族复兴走过的历程,特别是要把它放

---

[1]《毛泽东选集》第4卷,人民出版社1991年版,第1470—1471页。
[2] 习近平:《在纪念五四运动100周年大会上的讲话》,人民出版社2019年版,第2页。

到中国共产党近百年奋斗史中进行审视。在庆祝改革开放40周年大会上的讲话中，习近平总书记指出："建立中国共产党、成立中华人民共和国、推进改革开放和中国特色社会主义事业，是五四运动以来我国发生的三大历史性事件，是近代以来实现中华民族伟大复兴的三大里程碑。"[1] 深刻理解中华民族伟大复兴的三大里程碑要围绕"现代化"这一主题。中华民族伟大复兴的实质是实现国家的现代化，在这个意义上，我们可以把中华民族伟大复兴具体化为建设社会主义现代化强国。

"建立中国共产党"是第一个里程碑。党的成立是中华民族发展史上开天辟地的大事变，为中国人民开创现代化道路和走向复兴提供了主心骨。

近代以来，许多先进中国人主张"向西方学习"，其实也就是要学习西方资本主义国家的"现代化"技术和经验。但是各种尝试都走向了失败。我们党一经成立，就接过历史的接力棒，担负起实现中华民族伟大复兴的历史重任。只有中国共产党人才深刻地认识到，要实现国家现代化，前提条件是必须要使中华民族和中国人民先"站起来"。这就不得不首先推翻"三座大山"，即帝国主义、封建主义、官僚资本主义。毛泽东曾说："没有独立、自由、民主和统一，不可能建设真正大规模的工业。没有工业，便没有巩固的国防，便没有人民的福利，便没有国家的富强。……在一个半殖民地的、半封建的、分裂的中国里，要想发展工业，建设国防，福利人民，求得国家的富强，多少年来多少人做过这种梦，但是一概幻灭了。……这是好消息，这种幼稚的梦的幻灭，正是中国富强的起点。"[2]

---

[1] 习近平：《在庆祝改革开放40周年大会上的讲话》，人民出版社2018年版，第4页。
[2] 《毛泽东选集》第3卷，人民出版社1991年版，第1080页。

那么，中国共产党的成立究竟如何深刻改变了中华民族的发展方向和前途命运？正是因为有了中国共产党这个主心骨的领导，中华民族才真正实现了独立、自由、民主和统一。在中国共产党的领导下，我们取得了抗日战争的胜利，这标志着中国人民彻底改变了被外来势力欺凌的历史，迎来了一个"独立"的中国。中国共产党领导人民进行土地改革，通过破除封建剥削制度的经济根基，把农民从地主的奴役中解放出来，使中国人民真正拥有了原来没有过的"自由"。在中国共产党的领导下，中国人民推翻国民党的统治，使中国由四分五裂的一盘散沙走向集中"统一"，而建立人民民主专政的政权即中华人民共和国，确立人民当家作主的社会主义制度，则开启了中华民族追求"民主"的新纪元。

"成立中华人民共和国"是第二个里程碑。从此，中华民族实现了从"被奴役"到"站起来"的重大历史转折，中国人民在近代以来第一次可以真正掌握自己的命运，中国共产党带领人民真正开启了推进国家现代化的历史进程。

中国共产党在现代化理论发展上有了新的突破。1957年，毛泽东就鲜明提出要"将我国建设成为一个具有现代工业、现代农业和现代科学文化的社会主义国家"[1]。这是中国共产党人现代化思想的雏形。在1960年前后，毛泽东完整地提出了"四个现代化"思想："建设社会主义，原来要求是工业现代化，农业现代化，科学文化现代化，现在要加上国防现代化。"[2]

在社会主义建设时期，我国的现代化建设实践取得了很大的成就，这至少表现在以下四个方面：一是在工业建设中取得重大成就，逐步建立了独立的比较完整的工业体系和国民经济体系；

---

[1]《毛泽东文集》第7卷，人民出版社1999年版，第207页。
[2]《毛泽东文集》第8卷，人民出版社1999年版，第116页。

二是农业生产条件发生显著改变,生产水平有了很大提高;三是教育、科学、文化、卫生、体育事业有很大发展;四是人民解放军在新的历史条件下得到壮大和提高,由单一的陆军发展成为包括海军、空军和其他技术兵种在内的合成军队。[1]

尽管在"文化大革命"时期,中国现代化事业遭到了严重的破坏,但不可否认的是,改革开放前30多年的现代化探索的实践成就,为党的十一届三中全会以后中华民族真正实现从"站起来"到"富起来"的历史跨越奠定了坚实的基础。

"推进改革开放和中国特色社会主义事业"是第三个里程碑。改革开放开创了中国特色社会主义道路、理论、制度和文化,使中华民族大踏步赶上了现代化的时代。

在历史发展的十字路口,邓小平强调:"如果现在再不实行改革,我们的现代化事业和社会主义事业就会被葬送。"[2]"我们要赶上时代,这是改革要达到的目的。"[3]可见,我们要赶上的"时代"本质上是现代化的时代。为此,我国坚持以经济建设为中心,不断解放和发展社会生产力,发展搞活社会主义市场经济,努力推动社会全面进步。可以说,改革开放以来,中国人民推动经济社会发展程度的不断跃升,创造了一个又一个发展的奇迹。

深刻理解改革开放的意义,要有历史比较的纵向视野,更要有中西方对比的国际视野。从工业革命的爆发及其广泛拓展以来,西方资本主义国家就以工业化为牵引开始了现代化建设的进程,这一进程经历了几百年的发展历史。较之而言,中国的现代化建设历程,如果从1956年社会主义革命胜利后算起,只有60多年的时间,如果从改革开放起点算起,则只有40年的时间。在这个意

---

[1]《改革开放三十年重要文献选编》(上),人民出版社2008年版,第186—187页。
[2]《邓小平文选》第2卷,人民出版社1994年版,第150页。
[3]《邓小平文选》第3卷,人民出版社1993年版,第242页。

义上，中华民族仅用数十年的时间，就赶上了资本主义用数百年所开创的现代化时代。

当然，中国的现代化建设是有自身的鲜明特色的，是以社会主义为定向的后发国家的现代化。邓小平当年会见外宾时就讲，我们要建设"中国式的现代化"，后来他又把这个目标概括为"建设有中国特色的社会主义"。再后来，中国共产党人又把"建设有中国特色的社会主义"进一步简化为"中国特色社会主义"。由此可见，"中国式的现代化"是"中国特色社会主义"的最初表达。因此，中国共产党领导人民进行改革开放的历程，既是不断推进建设"中国特色社会主义"的过程，也是不断探索实现"中国式的现代化"的过程。

改革开放以来中国特色社会主义事业的长足发展，极大地提升了中国的现代化发展水平，使中国人民不断实现"富起来"。党的十八大以来，中国特色社会主义的发展逐步进入了新时代。这个新时代，既是中国特色社会主义的新时代，同时也是社会主义现代化建设的新时代，其鲜明的特征就是中华民族迎来了从"富起来"到"强起来"的伟大飞跃。中国共产党勇于担当历史使命，领导人民开创了新时代社会主义现代化强国建设的光明前景。站在"强起来"的历史起点上，"我们比历史上任何时期都更接近实现中华民族伟大复兴的目标，比历史上任何时期都更有信心、更有能力实现这个目标"[1]。

---

[1]《习近平谈治国理政》，外文出版社2014年版，第167页。

4

怎样把握"四个伟大"任务的内在逻辑?

李 冉　复旦大学马克思主义学院教授、博士生导师

一　疑难问题

在省部级主要领导干部"学习习近平总书记重要讲话精神，迎接党的十九大"专题研讨班上的重要讲话中，习近平总书记首次作出了"四个伟大"的理论新概括，即"伟大斗争，伟大工程，伟大事业，伟大梦想"。在党的十九大报告中，习近平总书记在谈到"新时代中国共产党的历史使命"时，进一步较为系统地阐释了"四个伟大"的任务及其内在逻辑。这一新阐发，阐明了党的十八大以来党中央治国理政的战略主脉，诠释了中国特色社会主义进入新时代的现实依据，描绘了面向未来建设社会主义现代化强国的行动纲领。"四个伟大"思想在习近平新时代中国特色社会主义思想中的地位，决定了它在"习近平新时代中国特色社会主义思想概论"课的内容体系中的重要地位。

在教学中要引导学生掌握"四个伟大"思想，其中的一个重点难点是关于怎样把握"四个伟大"任务的内在逻辑的问题。"四个伟大"任务之间紧密联系、相互贯通、相互作用，蕴涵鲜明的

未来旨向，实际上回答了中华民族伟大复兴的中国梦如何实现的问题。我们要对学生讲清楚中国梦是什么、为什么，归根到底还是要讲清楚如何实现的问题。对学生讲清楚"四个伟大"任务的内在逻辑，有利于帮助学生树立信心，有利于引导他们把青年报国志和民族复兴梦结合起来，把个人追求和国家利益结合起来，最终成为担当民族复兴大任的时代新人。这是教学当中的一个关键和疑难问题。

二 教学解析

进行伟大斗争、建设伟大工程、推进伟大事业、实现伟大梦想，是对党和国家正在做的事情作出的战略性概括，构成了一个完整而科学的思想系统。在教学的过程中，要向学生讲清楚"四个伟大"任务所蕴含的战略逻辑。"四个伟大"新概括的显著特点是把党的建设和党领导的事业统一起来，把强国方略和强党方略统一起来，由此昭示了一个颠簸不破的政治逻辑——强国必先强党，也宣示了一个面向未来的政治路径——强党成就强国。建设社会主义现代化强国，必须以强党兴党为理论前提，必须以"强党成就强国"为实现路径。

（一）"四个伟大"是对党和国家正在做的事情作出的战略性概括，具有丰富的思想内涵

习近平总书记在谈到理论创新时曾反复强调，要坚持问题导向，坚持以我们正在做的事情为中心，聆听时代声音。"四个伟大"就是着眼于战略性问题，从引领时代发展的高度，对党和国家正在做的事情作出的理论新概括。

习近平总书记指出："中国特色社会主义是改革开放以来党的

全部理论和实践的主题,是党和人民历尽千辛万苦、付出巨大代价取得的根本成就。"[1]党的十八大以来,以习近平同志为核心的党中央总揽中国特色社会主义全局,举旗定向,布局谋篇,砥砺前行,推出一系列重大战略举措,出台一系列重大方针政策,推进一系列重大工作,解决了许多长期想解决而没有解决的难题,办成了许多过去想办而没有办成的大事,把中国特色社会主义推向了新时代。然而,在新时代,形势环境变化之快、改革发展稳定任务之重、矛盾风险挑战之多、治国理政考验之大,都是前所未有的。我国社会主要矛盾也发生了关系工作全局的历史性变化。要解决这些问题,要决胜全面小康社会,就只能通过开展具有许多新的历史特点的伟大斗争来实现。党的十九大是在全面建成小康社会决胜阶段、中国特色社会主义进入新时代召开的一次十分重要的大会。在这样一个重要的时间窗口,中国共产党被历史和人民赋予了神圣的使命——要在2020年全面建成小康社会后,继续带领全国各族人民为实现第二个百年奋斗目标而努力,开启全面建设社会主义现代化国家新征程,实现中华民族伟大复兴的伟大梦想。不忘初心,继续前进,关键在党,关键靠伟大工程的保障。习近平同志在论述"四个伟大"时,突出强调了建设伟大工程的极端重要性,他指出:"伟大斗争,伟大工程,伟大事业,伟大梦想,紧密联系、相互贯通、相互作用,其中起决定性作用的是党的建设新的伟大工程。推进伟大工程,要结合伟大斗争、伟大事业、伟大梦想的实践来进行,确保党在世界形势深刻变化的历史进程中始终走在时代前列,在应对国内外各种风险和考验的历史进程中始终成为全国人民的主心骨,在坚持和

---

[1] 习近平:《决胜全面建成小康社会 夺取新时代中国特色社会主义伟大胜利——在中国共产党第十九次全国代表大会上的报告》,人民出版社2017年版,第16页。

发展中国特色社会主义的历史进程中始终成为坚强领导核心。"[1]

由此说来,"四个伟大"理论新概括具有丰富的思想内涵。其中,推进伟大事业是主题,实现伟大梦想是目标,进行伟大斗争是手段,建设伟大工程是保障。这四个方面,不仅战略性地概括了党和国家正在做的事情,而且环环相扣,形成了一个完整而科学的思想系统。深刻把握这一理论新概括的丰富内涵,对于深刻总结党的十八大以来所做的工作,对于科学制定面向未来的行动纲领,都具有重大的指导意义。

(二)"四个伟大"深刻揭示了"强国"与"强党"的统一关系,具有鲜明的战略指向

未来 30 年中华民族如何走好新的长征路,这是必须回答的时代课题。习近平总书记强调指出:"能否提出具有全局性、战略性、前瞻性的行动纲领,事关党和国家事业继往开来,事关中国特色社会主义前途命运,事关最广大人民根本利益。"[2]"四个伟大"凝练了党和国家事业发展的战略高点,堪称行动纲领的中心思想和战略灵魂。制定并实施面向未来的行动纲领,需要以此为战略遵循。

首先,"四个伟大"包括"强国"与"强党"两大战略主旨,为我们制定行动纲领标注了战略方向。其一,进行伟大斗争、推进伟大事业、实现伟大梦想,就是把我们的国家建设好、建设强,本质上是强国。习近平总书记在党的十九大报告中强调了"从站起来、富起来到强起来"的问题。经过近 40 年的飞速发展,当代

---

[1] 习近平:《决胜全面建成小康社会 夺取新时代中国特色社会主义伟大胜利——在中国共产党第十九次全国代表大会上的报告》,人民出版社 2017 年版,第 17 页。

[2]《习近平谈治国理政》第 2 卷,外文出版社 2017 年版,第 59—60 页。

中国已经有了充分的物质条件和精神条件去实现"强起来"的历史性飞跃。所谓"强起来",有着鲜明的时代内涵,就是要开启全面现代化的新征程,建设社会主义现代化强国,让中华民族以更加昂扬的姿态屹立于世界民族之林。其二,建设伟大工程,就是把我们的党建设好、建设强,本质上是强党。习近平总书记2016年2月在中央政治局常委会审议"两学一做"学习教育方案时明确指出,"我们党要搞好自身建设,真正成为世界上最强大的一个政党"。党的十八大以来,以习近平同志为核心的党中央把管党治党作为治国理政的中心环节,坚定不移推进全面从严治党,不断深化党的自我革命,为新的执政条件下的强党兴党奠定了强大的信仰根基、能力根基、制度根基、文化根基、民心根基。可以说,"四个伟大"蕴含了"强国"与"强党"两大战略主旨。近代以来,历史伟人曾经提出过"建国方略"和"建党方略"并由此实现了中国革命的伟大胜利,而在中国特色社会主义进入新时代后,需要进一步明确"强国方略"和"强党方略"并将两者紧密地统一起来。从这层意义上说,"四个伟大"新概括有着划时代的理论与现实意义。

其次,"四个伟大"蕴含了"强国必先强党"与"强党成就强国"的两大战略逻辑,为我们实施行动纲领划出了战略路径。强国必先强党,强党必先治党,这是基于我们的国情党情所得出的应然逻辑。以治党实现强党,以强党实现强国,这是基于我们的制度安排所得出的实然逻辑。这两大逻辑本质上是一回事,只不过一个侧重于价值判断、一个侧重于方法判断,两者都是对中国政情的注脚——办好中国的事情关键在党,中国一切问题的关键都取决于中国共产党的自身建设。可以说,建设伟大工程是其他三个"伟大"的前提和动力,是强国的实现方略,正如习近平总书记所指出的:"党的十八大之后,党中央全面分析党和国家工作面临的新形势新任务,综合分析党内、国家、社会以及国际环境中出现的新情况新问题,得出了一个重要结论,就是要进行好具有许多新的历史特点的伟大斗争、有效应对各种风险和挑战,实现'两个一百年'奋斗目标、实现中华民族伟大复兴的中国梦,必须把我们党建设好、建设强。"[1]

总之,"四个伟大"在思想、理论和战略上把"强国"与"强党"紧密统一起来了,而这种统一深深植根于过去一百年来中国历史的经验和传统。近代以来,久经磨难的中华民族实现了从站起来、富起来到强起来的历史性飞跃。在这三次历史性飞跃的背后,都有相同的历史逻辑,都是以中国共产党的强大为前提。具体说来,建国必先建党,正是因为建立了强大的中国共产党,中华民族才实现了从东亚病夫到站起来的伟大飞跃;富国必先兴党,正是因为中国共产党率先调整工作重心并走上了兴党之路,中华民族才实现了从百废待兴到富起来的伟大飞跃;强国必先强党,党的十八大以来正是因为有了以习近平同志为核心的党中央的坚强领导和习近平新时代中国特色社会主义思想的理论指导,中华民族才正在书写强起来的历史新篇章。

(三)以强党实现强国的现实逻辑

当今时代,中华民族要打赢的不是一场战斗,也不是一场战役,而是一场民族复兴的战争;中国人民要谋划的不是当下五年,也不是今后十年,而是未来三十年的历史蓝图;中国要实现的不是哪一个方面的强大,而是整体强大,并将中国方案中国智慧贡献于世界。这些前所未有的大气象,既规定了强国的应有向度,

---

[1] 习近平:《在党的十八届六中全会第二次全体会议上的讲话(节选)》,《求是》2017年第1期。

也规定了强党的应有使命。以强党实现强国,至少包括如下现实逻辑。

第一,强党造就强大的理论。"一个民族要想站在科学的最高峰,就一刻也不能没有理论思维"[1]。建设社会主义现代化强国,是人类历史上从未实现的伟大梦想,我们前所未有地需要强大理论的支持。思想是行动的先导。党的十八大以来,党和国家各项事业之所以能开新局、谱新篇,根本就在于有习近平新时代中国特色社会主义思想的科学指引。在全面建设社会主义现代化强国的新征程上,我们要不断使理论跟上时代。而"四个伟大"展现出迈向社会主义现代化强国的宏大气象。面向未来,中国还需要有全面现代化的总设计师,还需要有建设社会主义现代化强国的理论体系,还需要为发展中国家走向现代化继续拓展路径。

第二,强党造就强大的治理。治理赤字,是摆在当今全人类面前的严峻挑战。2008年以来世界发展的经验表明,只有依靠强领导、强治理,才能带领国家走出经济社会下行的阴霾。自第二次世界大战结束以来,全世界普遍走上了现代化的快车道。在快速发展的背景下,分化虽不可避免,分裂则应坚决规避。一国出现了治理赤字,社会就或多或少地由分化陷入分裂,就可能延缓甚至中止现代化的进程;人类出现了治理赤字,全球化就会退缩撕裂,人类情怀与道义就会暗淡,各种保护主义就会粉墨登场。如何避免从分化到分裂,是任何一个经历了快速发展的国家都要认真思考的问题。放眼当今寰宇,中国之治与西方之裂形成了鲜明对照。归根到底是因为在以习近平同志为核心的党中央的坚强领导下,我们以强大的政党治理、国家治理,积极参与和担当的全球治理及时填补了可能存在的治理赤字,有力地稳住了破浪前

---

[1]《马克思恩格斯文集》第9卷,人民出版社2009年版,第437页。

行的中国巨轮。得治理者得未来。建设社会主义现代化强国，必须在继续强化政党治理的基础上，不断推进国家治理能力和治理体系的现代化，并要推动全球治理体系不断走向完善。

第三，强党造就强大的人民。中国共产党从哪里来，又向哪里去？其全部的奥秘就是把党性和人民性统一起来，其全部的道理就是秉信"民心是最大的政治"。建设社会主义现代化强国，是为了实现人民的强大，也需要造就强大的人民，这是我们不同于西方现代化的根本所在。在西方现代化的舞台上，人民总是资本、商品与市场的"配角"。当代中国要踏上建设社会主义现代化国家的新征程，就要超越西方现代化的历史局限，就要摆脱蛮横的资本统治、野蛮的生产异化与肆虐的商品拜物教。党的十八大以来，习近平总书记在党内提出"人民立场是中国共产党的根本政治立场"，在人民群众中提出"以人民为中心的发展思想"，这就是把最高的党性和最彻底的人民性统一起来，就是用最强大的执政力量保护人民、服务人民、强大人民。强党方可强民，这是马克思主义政党和社会主义国家的必然逻辑。中国共产党把人民立场作为自己的根本政治立场，坚持以人民为中心推动现代化发展，就是摒弃全部的政党私利，这是一种道义的力量；就是要以优良的作风始终保持与人民群众的血肉联系，这是一种人格的力量；就是坚守人民创造历史的唯物史观，这是一种真理的力量；就是致力于富民强民从而吸引广大人民群众的追随，这是一种历史的力量。在中国共产党的领导下，我们的国家和人民必定会凝聚起磅礴的伟力，走向社会主义现代化强国的光辉未来。

第四，强党造就伟大的世界贡献。为人类作出新的更大的贡献，是中国共产党人的庄严承诺。毛泽东早就提出了"中国应对人类有较大贡献"的命题。在中国共产党的领导下，中华民族对人类的贡献已经从革命建国、经济发展推进到了一个新的高度，那就是通过"中国方案"为人类探索更好社会制度提供借鉴和支撑。今天的人类面临着恐怖主义、网络安全、气候变化等全球性挑战，世界走到了全球治理体系变革的关口。习近平总书记明确指出："弱肉强食、丛林法则不是人类共存之道。穷兵黩武、强权独霸不是人类和平之策。赢者通吃、零和博弈不是人类发展之路。"[1] 作为一种历史趋势，人类需要构建利益与共的命运共同体。人类应当在互鉴治理经验中走出合作共赢的新篇章。中国的强大，是世界的福音。正如邓小平所指出的："中国发展得越强大，世界和平越靠得住。"[2] 只要我们牢牢占据推动人类社会进步、实现人类美好理想的道义制高点，"中国方案"必将走向世界，强大的中国必将造福人类，中国特色社会主义必将日益展现出普遍的世界历史意义。

---

[1] 习近平：《铭记历史，开创未来》，《人民日报》，2015年5月8日。
[2] 《邓小平文选》第3卷，人民出版社1993年版，第104页。

如何理解中国共产党 "伟大斗争"的理论特质?

刘 佳　复旦大学马克思主义学院博士研究生

一　疑难问题

"实现伟大梦想,必须进行伟大斗争。"这是党的十九大作出的一项重大政治论断。习近平总书记强调:"我们党要团结带领人民有效应对重大挑战、抵御重大风险、克服重大阻力、解决重大矛盾,必须进行具有许多新的历史特点的伟大斗争,任何贪图享受、消极懈怠、回避矛盾的思想和行为都是错误的。"[1] 习近平总书记这段话中所述的"伟大斗争",承载着丰富的理论内涵,蕴含着深刻的理论思维。习近平新时代中国特色社会主义思想,是以习近平同志为核心的党中央在进行许多新的历史特点的伟大斗争中创立并不断丰富发展的,具有强烈的问题意识、鲜明的斗争精神、科学的理论品格,为发展马克思主义作出了原创性贡献。准确把握中国共产党"伟大斗争"的理论特质,是理解"四个伟

---

[1] 习近平:《决胜全面建成小康社会　夺取新时代中国特色社会主义伟大胜利——在中国共产党第十九次全国代表大会上的报告》,人民出版社2017年版,第15页。

大"重要论断的重要前提，是掌握斗争精神、斗争本领、斗争对象、斗争方法、斗争规律等一系列概念范畴的基础性工作，是深刻理解习近平新时代中国特色社会主义思想的科学内涵与思想要义的题中之义。

阐述好中国共产党"伟大斗争"的理论特质，要注重"伟大斗争"的历史规定性，将这一概念置于中国共产党百年奋斗史中来理解，并与军事斗争、政治斗争、经济斗争等概念严格区分开来，把握其不同历史时期的内涵所指；要注重"伟大斗争"的时代规定性，特别是要把握好党中央提出"四个伟大"论断的时代语境和社会背景，把握"伟大斗争"的现实所指；要注重"伟大斗争"的政治规定性，从推进党的自我革命进而推进伟大社会革命的高度来理解"伟大斗争"对党的各级组织和领导干部提出的期望与要求。

二 教学解析

作为马克思主义中国化的理论范畴，作为理解中国共产党百年历史的重要线索，"伟大斗争"是把握习近平新时代中国特色社会主义思想精髓要义的"关键词"，具有独特的理论特质。进行伟大斗争既是中国共产党的政治宣誓，也是坚持和发展新时代中国特色社会主义的政治行动。中国共产党的百年历史，就是一部"为中国人民谋幸福，为中华民族谋复兴"而艰苦斗争的历史，就是一部站在马克思主义真理制高点和道义制高点，与各种艰难险阻和风险挑战作坚决斗争的历史。中国共产党"伟大斗争"具有历史性、时代性和政治性三个基本特质，它们分别从历史、现实与未来的视角展现"伟大斗争"这一政治话语的独特理论魅力，为我们理解"四个伟大"战略思想提供了重要启示。三者密不可分，统一于新时代中国共产党伟大斗争的整体实践中。

（一）中国共产党"伟大斗争"的历史性特质

"伟大斗争"作为一个成熟的、定型的政治话语，归根到底是一个历史范畴。习近平总书记指出："中华民族伟大复兴，绝不是轻轻松松、敲锣打鼓就能实现的。全党必须准备付出更为艰巨、更为艰苦的努力。"[1] 在这里，习近平总书记提及"伟大斗争"的两个关键点：一是"伟大斗争"的主语是"全党"，中国共产党是"伟大斗争"的施动者、领导者，是领导人民进行"伟大斗争"的政治主体，是决定"伟大斗争"成败的关键政治力量；二是"伟大斗争"的过程绝不轻松容易，相反会更加艰巨、更加艰苦，更具有挑战性和不确定性。习近平总书记对"伟大斗争"的两个前提性判断，即主体判断和过程判断，有着深刻的历史根据。习近平总书记在庆祝中国共产党成立95周年大会上指出："历史告诉我们，95年来，中国走过的历程，中国人民和中华民族走过的历程，是中国共产党和中国人民用鲜血、汗水、泪水写就的，充满着苦难和辉煌、曲折和胜利、付出和收获。"[2] 中国共产党是从近代以来中华民族伟大斗争中诞生的，并在伟大斗争中走向成熟和强大的马克思主义政党，"伟大斗争"是中国共产党在近百年的革命、建设和改革的实践中对党的历史进程所作出的一个"具象性"判断，这个判断是中国共产党奋斗历史的写照。

现代世界历史的书写以资本的全球扩张为前提，伴随资本主

---

[1] 习近平：《决胜全面建成小康社会　夺取新时代中国特色社会主义伟大胜利——在中国共产党第十九次全国代表大会上的报告》，人民出版社2017年版，第15页。

[2] 习近平：《在庆祝中国共产党成立95周年大会上的讲话》，人民出版社2016年版，第5页。

义世界市场的搭建，不同民族国家无论发展起点、国情特点和历史原点如何，都被资本的强大力量卷入由西方资本主义国家主导的"现代化"的历史洪流之中，这些民族国家的历史自然也成为现代性世界历史的一个章节。1840年鸦片战争以来中国近现代历史发展的一条线索，无疑是传统帝制解体、大一统国家裂变与现代化出路探寻和民族意识觉醒的"对撞"，为实现国家统一和完整、中华民族伟大复兴而奋勇斗争。在那样一个风云际会、充斥斗争与抗争的时代，在那样一个为扭转衰败态势而苦苦探寻强国之路的时代，中国共产党诞生了，一个进行伟大斗争的大时代到来了，这被毛泽东誉为具有"开天辟地"意义的大事变。

以1921年中国共产党的诞生为标志，中国近现代以来的历史就被中国共产党强力整合（有时也是被动地整合）为一个有机的时空结构。在这个时空结构中，我们可以清晰地看到中国共产党与中国国民党等其他政党势力的角力，看到中国共产党与共产国际围绕中国革命与道路前途问题的辩论，看到中国共产党与外国侵略和干涉力量的较量，看到中国共产党与资本主义文明形态之间的张力。作为进行伟大斗争的政治主体的中国共产党，在近百年的中国历史舞台上演绎着一幕幕历史传奇，使中国一步一个台阶地渐进式地赶上了世界现代化的"班车"。在每一个历史台阶上，中国共产党的斗争主题和斗争对象是不同的。相应地，党所采取的斗争战略和斗争策略也是不同的。在革命年代，侧重于通过军事斗争解决政权问题；在中华人民共和国成立初期，侧重于以政治斗争和经济斗争解决国家安全和经济自主的问题；在改革开放以后，侧重于综合运用各种斗争手段解决现代化建设过程中出现的各种风险和挑战。

伟大斗争何以"伟大"？历史给予我们最有力、最权威的解答。胡绳在《中国共产党七十年》一书中，将中国共产党领导的新民主主义革命的伟大历史功绩概括为"独立""统一""民主""富强"八个字。习近平总书记指出："中国由新民主主义走向社会主义，开创和拓展中国特色社会主义道路，使社会主义这一人类社会的美好理想在古老的中国大地上变成了具有强大生命力的成功道路和制度体系。这不仅为中华民族实现伟大复兴提供了重要制度保障，而且为人类社会走向美好未来提供了具有充分说服力的道路和制度选择。"[1]在近百年的伟大斗争中，中国共产党领导人民彻底扭转了近代以来中国社会"一盘散沙""四分五裂"的局面，建立了社会主义制度的统一国家；以积极姿态融入世界现代化发展潮流，作出改革开放的伟大决策，国家综合国力和国际影响力大幅提升，中华民族实现从站起来、富起来到强起来的伟大飞跃；以此为基础，进而有力推动了马克思主义中国化、时代化，创立形成了毛泽东思想和中国特色社会主义理论体系，发展了21世纪中国马克思主义。社会历史是在不断向前发展的，有发展就必然有矛盾，有矛盾就必然有斗争。历史发展没有终点，与矛盾做斗争亦没有终点。在新的历史条件下，党所面临的斗争形势和任务伴随国家现代化建设而发生变化，党所面临的斗争压力也伴随着斗争形势和任务的变化逐渐增大。

（二）中国共产党"伟大斗争"的时代性特质

每一个时代都有属于这个时代的问题，时代问题具有统帅性，是执政者必须认真思考和研究的重大课题。任何一种科学理论，其背后都耸立着一套时代的框架，科学理论只有深深扎根于时代和实践中，才具有蓬勃生命力。作为伟大斗争主体的中国共产党，只有准确把握时代特征，科学地提出时代问题，才能提出行之有

---

[1]《十八大以来重要文献选编》（中），中央文献出版社2016年版，第79—80页。

效的斗争方案和斗争策略，才能在伟大斗争中把中国特色社会主义事业向前推进。

中国特色社会主义进入新时代，中国共产党在前进道路上所面临的各种风险和考验（即斗争对象）错综复杂、相互交织、高度互融，表现为显著的系统性、复杂性特点，这就决定了作为解决时代问题的"斗争方法"，也同样具有系统性、复杂性特点。党的十九大报告指出："全党要更加自觉地坚持党的领导和我国社会主义制度，坚决反对一切削弱、歪曲、否定党的领导和我国社会主义制度的言行；更加自觉地维护人民利益，坚决反对一切损害人民利益、脱离群众的行为；更加自觉地投身改革创新时代潮流，坚决破除一切顽瘴痼疾；更加自觉地维护我国主权、安全、发展利益，坚决反对一切分裂祖国、破坏民族团结和社会和谐稳定的行为；更加自觉地防范各种风险，坚决战胜一切在政治、经济、文化、社会等领域和自然界出现的困难和挑战。"[1]以上五个方面构成当前中国共产党进行伟大斗争的"基本盘面"，概括地讲，就是政治系统、社会系统、改革系统、国家安全系统、风险系统五个子系统。

习近平总书记多次强调要树立系统思维，增强工作的系统性、协调性、整体性和联动性。社会系统本身具有开放性和复杂性，要同阻碍和制约社会系统发展的消极因素作斗争，将消极因素彻底消除，或者将消极因素控制在极小限度内，或者将消极因素转化为积极因素。唯其如此，社会系统才能保持相对稳定的运行机制和良好的发展态势。这是中国共产党进行具有许多新的历史特点伟大斗争的基本策略。习近平总书记指出："我们要永远保持清

---

[1] 习近平：《决胜全面建成小康社会 夺取新时代中国特色社会主义伟大胜利——在中国共产党第十九次全国代表大会上的报告》，人民出版社2017年版，第15—16页。

醒头脑，继续发扬筚路蓝缕、以启山林那么一种精神，继续保持空谈误国、实干兴邦那么一种警醒，敢于战胜前进道路上的一切困难和挑战，使中国特色社会主义道路始终成为中华民族创造辉煌的必由之路，始终成为中华民族实现伟大复兴的必由之路，始终成为中华民族为人类作出新的更大贡献的必由之路。"[1]

党的十一届三中全会以来，改革开放作为中国共产党治国理政的"总纲"和"方法论"，以资本的强力构建起具有中国式特点的国家现代化模式，整个社会系统得到重构。计划经济体制下"政党完全嵌入社会空间"的社会系统结构在改革开放刺激和全球化浪潮下瓦解，一个全新的、充满现代性气息和开放社会系统生成。其最大特点是，不同社会系统结构要素之间相互渗透、相互影响、相互牵制，一方面使政治、经济、文化、地理等社会系统结构的黏合性增强，关系更加紧密，作为实体和价值观念的社会系统共同体形成并得到有力强化；另一方面，不同社会系统结构的要素之间发生"勾连"，有的甚至会"发酵"为潜在的社会风险隐患源头，这会对政治体制、经济发展、社会秩序、公共生活、思想文化等产生不良影响。党的十九大报告所指出的中国共产党进行伟大斗争的五个"基本盘面"，就是立足于这样一个时代背景和理论逻辑提出的。

时代在发展，斗争策略和技术的选择也必须与时俱进。以反腐败斗争为例，在计划经济体制下，腐败问题主要集中于贪污挪用，由于企业市场主体数量有限，企业对官员的行贿行为也较为有限，此时腐败问题主要表现为官员在经济上的贪占。但在市场化条件下，资本力量渗透到公共权力之中，侵蚀党的干部，败坏

---

[1]《中共中央国务院举行春节团拜会　习近平发表重要讲话》，《人民日报》，2015年2月18日。

党的作风，损害党的信誉，危及党的事业。从系统科学的角度来看，就是经济系统与政治系统的"勾连"所导致的腐败现象。十八大以来，党中央以空前的力度和决心正风肃纪，以标本兼治、综合治理的系统思维推进反腐败，在斗争实践中，党中央形成一套好做法、好制度、好经验，如从严从实落实中央"八项规定"精神，完善党内法规和制度体系，强化政治巡视震慑功能，实践监督执纪"四种形态"，坚持"老虎、苍蝇"一起打，推进国家监察体制改革，开展国际追逃行动等。这是中国共产党领导人民进行伟大斗争的宝贵实践经验。

（三）中国共产党"伟大斗争"的政治性特质

"伟大斗争"的政治性首先表现为中国共产党坚持和发展中国特色社会主义，为实现共产主义远大理想而奋斗的政治信念上。马克思恩格斯指出："共产党人同其他无产阶级政党不同的地方只是：一方面，在无产者不同的民族的斗争中，共产党人强调和坚持整个无产阶级共同的不分民族的利益；另一方面，在无产阶级和资产阶级的斗争所经历的各个发展阶段上，共产党人始终代表整个运动的利益。""共产党人的最近目的是和其他一切无产阶级政党的最近目的一样的：使无产阶级形成为阶级，推翻资产阶级的统治，由无产阶级夺取政权。"[1] 共产党以暴力斗争形式，推翻资产阶级政治统治，建立无产阶级政权，进而实现广大无产阶级乃至全人类解放作为政治目标。从具体的斗争路线和策略看，共产党必须要先进行政治革命，通过政治斗争方式夺取政权，建立无产阶级专政的国家机器；进而进行社会革命，通过更广泛、更深层的社会领域斗争重塑整个社会，朝着建立共产主义社会的

---

[1]《马克思恩格斯文集》第2卷，人民出版社2009年版，第44页。

远大理想前进。尽管长时间、大规模的军事战事已经退去，但斗争精神不能消退，斗争意志不能磨灭。革命理想高于天，为共产主义远大理想而奋斗，是中国共产党人永不褪色的精神支柱。

"伟大斗争"的政治性还表现为在发展过程中抵御重大风险考验，实现社会主义全面现代化的强国目标上。党的十九大报告清晰勾勒了未来30年中国发展的战略蓝图。然而前进的道路永远不可能一帆风顺，必然会面临一系列重大风险和考验，必然会面对一系列难以预料的困难和冲击。第一，在现代化发展进程中出现的体制性矛盾和结构性障碍。这要求我们以更大的气力推进全面深化改革和全面依法治国，增强改革发展的协调性、连续性和稳定性，聚焦中国社会主要矛盾发生的新变化，促进现代化要素与结构的总体均衡。第二，全面建设社会主义现代化强国必须妥善解决台湾问题，实现祖国完全统一。当前，台湾当局拒不承认一个中国原则的"九二共识"，渐进式"台独"、隐性"台独"对两岸和平发展造成严重冲击，对国家领土主权完整和政治安全造成巨大危害，与"台独"分裂势力作斗争是"伟大斗争"的重要组成内容。第三，当今世界正处于大发展大变革大调整时期，世界发展的不确定性因素增多，非传统安全领域问题凸显，局部性战争和冲突时有发生，全球金融危机的后续影响仍未消散，贸易保护主义倾向有所抬头，国际治理赤字、生态环境赤字、全球安全赤字是当今世界的"三大赤字"，因此与贸易保护主义、恐怖主义、霸权主义作斗争，维护世界和平与促进共同发展，构建人类命运共同体，就成为中国共产党在新时代的历史任务和斗争重点。

坚持和发展中国特色社会主义，建设社会主义现代化强国，必须把党建设得更加坚强有力，这是"伟大斗争"具有政治性特质的第三个方面。中国共产党是进行具有许多新的历史特点的伟大斗争的政治主体，中国共产党领导是中国特色社会主义最本质特征和最大政治优势。只有把党建设得更加坚强有力，增强全党斗争能力和斗争本领，才能打赢这场战争、实现发展愿景、建设世界强国。在习近平总书记的论述中，全面推进从严治党是进行伟大斗争的根本保障，也是伟大斗争的重要内容。一是与反腐败作斗争，与特权思想和特权现象作斗争，中国共产党的先进性和纯洁性与腐败和特权格格不入、水火不容，"反腐败斗争"是习近平总书记经常提到的。二是进行意识形态斗争和党内思想斗争，将意识形态与党内思想同政治纪律和政治规矩挂钩，落实意识形态责任制，强化党委对意识形态工作的主体责任，坚决同错误思潮、观点学说、个别言论进行斗争，维护和巩固马克思主义在意识形态领域中的领导地位。三是开展净化政治生态的斗争，严肃党内政治生活，增强党内政治生活的政治性、严肃性和战斗性，增强党的自我净化、自我完善、自我革新、自我提高能力。推进全面从严治党，就是要把党建设成适应伟大斗争形势、具有伟大斗争能力、承担伟大斗争使命的马克思主义执政党，这是夺取伟大斗争决定性胜利的根本政治前提。

⬡ 6

中国特色社会主义进入新时代表现出什么样的基本特征?

覃　喆　复旦大学马克思主义学院博士研究生
李国泉　复旦大学马克思主义学院讲师

一 疑难问题

在科学把握世情国情党情深刻变化的基础上,党的十九大报告指出:经过长期努力,中国特色社会主义进入了新时代,这是我国发展所处的新的历史方位。对历史方位作出的这一新概括,体现了一种战略性的政治考量,彰显了以习近平同志为核心的中国共产党人与时代共进步、共发展的历史自觉。这一论断,为我们深刻把握党和国家事业发展的新阶段新使命明确了时代坐标,为我们科学制定党的路线方针政策提供了基本依据。

在"习近平新时代中国特色社会主义思想概论"课教学中,如何讲清楚中国特色社会主义进入新时代表现出的基本特征,是一个疑难点。在党的十九大精神研讨班开班式上,习近平总书记明确强调:"党的十九大作出中国特色社会主义进入新时代这个重大政治论断,我们必须认识到,这个新时代是中国特色社会主义新时代,而不是别的什么新时代。党要在新的历史方位上实现新时代党的历史使命,最根本的就是要高举中国特色社会主义伟大旗帜。"[1] 这个新时代,既同改革开放以来坚持和发展中国特色社会主义的探索历程一脉相承,又表现出许多具有时代特点的新特征。教师要积极引导学生从理论与实践、历史与现实、国内与国际的结合上准确把握新时代的主要特征。

二 教学解析

中国特色社会主义是改革开放以来党的全部理论和实践的主题,新时代的限定词是"中国特色社会主义"。对于新时代的范畴,不能完全从历史学意义上来理解,而应当从党和国家事业发展的维度,说明其所指向的"中国特色社会主义进入了新的发展阶段"的特定涵义。经过长期努力,党的十八大开启了新时代的大门,但这个时代的属性主要形成于十八大以后的实践,而十九大通过总结五年来的发展状况作出"进入了"新时代的判断,实现了理论上的升华。教师要对学生讲清楚中国特色社会主义新时代的四个方面基本特征。

(一)习近平新时代中国特色社会主义思想被确立为党的指导思想

理论深深扎根于社会历史条件,这是毋庸置疑的,但是它一旦成熟并成为社会的主导思想,就构成区分不同时代的鲜明标识之一。之所以断定中国特色社会主义进入了新时代,一个重要依据是党的理论创新实现了全面推进,而与此相对应,习近平新时

---

[1]《习近平在学习贯彻党的十九大精神研讨班开班式上发表重要讲话强调 以时不我待只争朝夕的精神投入工作 开创新时代中国特色社会主义事业新局面》,《人民日报》2018年1月6日。

代中国特色社会主义思想的创立和成熟化则从理论维度展现了新时代之新特征。

理论的生命力来源于创新，创新是理论发展永恒不变的主题。推动理论的创新，不仅是实现理论自身发展的内在需要，更是由理论与实践的关系所决定的。习近平总书记指出："实践没有止境，理论创新也没有止境。世界每时每刻都在发生变化，中国也每时每刻都在发生变化，我们必须在理论上跟上时代。"[1]之所以要"在理论上跟上时代"，目的在于解决一些依靠原先的理论无法应对和回答的新情况、新问题。

中国共产党历来重视思想建党、理论强党，具有勇于推进理论创造的优良传统。在各个时期，由于坚持把马克思主义基本原理运用于实际，党不断推进马克思主义中国化、时代化进程，形成了丰富的理论创新成果。发展21世纪马克思主义、当代中国马克思主义，是以习近平同志为主要代表的中国共产党人的重要理论使命。而要实现这一使命，必须坚持问题导向。所谓问题，就是矛盾的表现形式。问题在某种意义上表现为时代的口号和呼声，发现问题是马克思主义理论创新的源头和逻辑起点。马克思早就指出："一个时代的迫切问题，有着和任何在内容上有根据的因而也是合理的问题共同的命运：主要的困难不是答案，而是问题。……问题就是公开的、无畏的、左右一切个人的时代声音。"[2]习近平总书记更是提出了关于坚持和发展马克思主义的重要论断，即"坚持问题导向是马克思主义的鲜明特点"[3]。

---

[1] 习近平：《决胜全面建成小康社会　夺取新时代中国特色社会主义伟大胜利——在中国共产党第十九次全国代表大会上的报告》，人民出版社2017年版，第26页。

[2] 《马克思恩格斯全集》第1卷，人民出版社2002年版，第203页。

[3] 习近平：《在哲学社会科学工作座谈会上的讲话》，人民出版社2016年版，第14页。

以习近平同志为核心的党中央坚持问题导向，创造性地回答新时代坚持和发展中国特色社会主义的理论和实践问题，不断提炼规律性认识，全面推进党的理论创新。可以说，如果没有对我国发展现实问题的关切，没有积极聆听新时代的呼声，以人民为中心的发展思想、新发展理念、"五位一体"总体布局、"四个全面"战略布局、总体国家安全观、强军兴军战略、人类命运共同体、党的全面领导等新理念新思想新战略就不可能形成。习近平新时代中国特色社会主义思想就是治国理政新理念新思想新战略发展到成熟阶段的集中呈现。通过理论提炼和理论升华，党的十九大对这一思想作了系统阐释，并把其确立为党必须长期坚持的指导思想，即全党全国人民为实现中华民族伟大复兴而奋斗的行动指南。党的理论发展进入新阶段，构成中国特色社会主义进入了新时代的重要标志。

习近平新时代中国特色社会主义思想是一个结构严密、内容完整的理论体系，原因在于其不仅深刻回答了新时代坚持和发展中国特色社会主义的总目标、总任务、总体布局、战略布局和发展方向、发展方式、发展动力、战略步骤、外部条件、政治保证等基本问题，还根据新的实践对经济、政治、法治、科技、文化、教育、民生、民族、宗教、社会、生态文明、国家安全、国防和军队、"一国两制"和祖国统一、统一战线、外交、党的建设等各方面作出了理论分析和政策指导，内容涉及新时代治国理政的方方面面。[1] 这个成熟的理论体系的创立是新时代的一个显著特征。当然，成熟理论的形成及其指导地位的确立，不意味其就自然失去进一步发展的必要性。在坚持中发展、在创新中坚持，是

---

[1] 习近平：《决胜全面建成小康社会　夺取新时代中国特色社会主义伟大胜利——在中国共产党第十九次全国代表大会上的报告》，人民出版社2017年版，第18页。

党的指导思想与时俱进的内在要求。对于习近平新时代中国特色社会主义思想，必须长期坚持并不断发展，这两个方面统一于新时代的实践中。

党的十九大新修订的《中国共产党章程》把其与"马克思列宁主义、毛泽东思想、邓小平理论、'三个代表'重要思想、科学发展观"并列为党的指导思想，同时又说明它是"中国特色社会主义理论体系的重要组成部分"[1]。这首先表明，这一重大理论成果符合中国特色社会主义的理论逻辑，是继续在中国特色社会主义这篇大文章上着墨的结果。如果从改革开放以来党的理论发展历程来审视，毫无疑问，这一思想实现了中国特色社会主义理论体系发展的又一次与时俱进，是马克思主义中国化最新成果。

（二）中华民族迎来从站起来、富起来到强起来的历史性飞跃

对中国近现代史加以考察，不难揭示出中华民族长期奋斗过程所体现的历史逻辑。从被奴役到站起来、从站起来到富起来，再到迎来强起来的光明前景、进入中国特色社会主义新时代，是历史发展的必然。新时代的一个崭新特点，就是近代以来久经磨难的中华民族迎来了从站起来、富起来到强起来的伟大飞跃。在此意义上，新时代也是中华民族在追求伟大复兴进程中迎来的新时代。

鸦片战争的爆发是中华民族由盛转衰的转折点。它开始了中华民族被奴役的百年屈辱史。欧美资本主义国家为攫取政治经济利益，入侵中国造成中华大地山河破碎，使中国人民遭受了人类史上罕见的苦难。中国共产党成立前，众多仁人志士和先进分子奋起抗争，但未能改变这种状况。因此，中国共产党的成立，中

---

[1]《中国共产党章程》，《人民日报》2017年10月29日。

国共产党的初心和使命,就是为人民谋幸福、为民族谋复兴。正是因为有了中国共产党这个主心骨的领导,中国人民才能取得抗争胜利。如果说抗日战争的胜利改变了中华民族的悲惨命运,那么,新中国的成立以及一系列保障人民当家做主的社会主义制度的确立,则表明中国人民从此可以掌握自己的命运,真正实现"站起来"的历史性跨越。

"站起来"是"富起来"的前提和基础。社会主义改造基本完成后,党就开始领导人民探索富国富民之路。但是"富起来"真正成为现实,要始于中国特色社会主义道路开辟以后。在改革开放初期,邓小平就强调:"搞社会主义,一定要使生产力发达,贫穷不是社会主义。我们坚持社会主义,要建设对资本主义具有优越性的社会主义,首先必须摆脱贫穷。现在虽说我们也在搞社会主义,但事实上不够格。"[1]为了摆脱贫困的局面,发展合格的社会主义,我国坚持以经济建设为中心、鼓励部分人先富起来的政策导向,不断解放和发展社会生产力,发展搞活社会主义市场经济,努力推动社会全面进步。改革开放以来,党的全部理论和实践的主题,就是坚持和发展中国特色社会主义,事实证明,这条道路是使中国人民走向"富起来"的正确道路。

党的十八大以来,中国发展取得了全方位、开创性的成就,中国特色社会主义发生了历史性的变革。这主要表现在两个相互联系的方面,一是解决了许多长期想解决而没有解决的难题,二是办成了许多过去想办而没有办成的大事。之所以作出新时代的定位,一个重要的现实根据是基于中华民族"迎来了实现中华民族伟大复兴的光明前景"的事实判断。中国特色社会主义事业的历史性变革,使中华民族的面貌发生了前所未有的改变,"现在,

---

[1]《邓小平文选》第3卷,人民出版社1993年版,第225页。

我们比历史上任何时期都更接近中华民族伟大复兴的目标,比历史上任何时期都更有信心、有能力实现这个目标"[1]。

中国特色社会主义进入新时代,表明中华民族迎来从站起来、富起来到强起来的历史性飞跃,对于这个特征我们要有理性的认知。不能割裂"强起来"同"站起来"和"富起来"的关系。中华民族和中国人民开启迈向"强起来"的征程,是以"站起来"和"富起来"的历史发展成就为基础的;而且,强起来是为了最终实现共同富裕。还要明确,今天我们是"迎来"飞跃,也就是走向"强起来",而不是已经完成"强起来"了。只有在全面建成小康社会、基本实现现代化的基础上,到 21 世纪中叶全面建成富强民主文明和谐美丽的社会主义现代化强国,我们才有足够的底气在资本主义发达国家面前说自己已经"强起来"了。

(三)我国社会主要矛盾发生了关系全局的历史性变化

新时代的中国特色社会主义,与之前的中国特色社会主义相比,一个显著差异就是社会主要矛盾的新变化,即已经转化为人民日益增长的美好生活需要和不平衡不充分的发展之间的矛盾。

我们党对社会主要矛盾的认识经历了一个长期的、曲折的过程。1956 年党的八大通过的《关于政治报告的决议》指出,国内的主要矛盾"已经是人民对于建立先进的工业国的要求同落后的农业国的现实之间的矛盾,已经是人民对于经济文化迅速发展的需要同当前经济文化不能满足人民需要的状况之间的矛盾"[2]。后来,我们又重提和强化了"无产阶级同资产阶级的矛盾仍然是我国社会的主要矛盾的观点"[3]。1981 年,党的十一届六中全会

---

[1]《习近平谈治国理政》第 2 卷,外文出版社 2017 年版,第 57 页。
[2]《建国以来重要文献选编》第 9 册,中央文献出版社 1994 年版,第 341 页。
[3]《三中全会以来重要文献选编》(下),中央文献出版社 2011 年版,第 140 页。

上通过的《关于建国以来党的若干历史问题的决议》，重新确立了关于社会主要矛盾的正确认识，即"我国所要解决的主要矛盾，是人民日益增长的物质文化需要同落后的社会生产之间的矛盾"[1]。

党的十九大结合当前的时代属性，指出我国社会主要矛盾已经发生了关系全局的历史性变化。这个判断的提出具有深刻的时代根源。随着中国特色社会主义实践的发展，我国社会生产力实现了总体跃升，"落后的社会生产"已经基本不符合中国的现实。而与这一改变同时而来的是两个方面的新变化：一是发展不平衡不充分的问题变得更为突出，社会公平正义有待加强；二是人民的需要逐渐从物质文化需要延伸到政治、社会、生态等其他方面的需要，呈现出多样化、全方位、高层次的特点。在这种背景下，如何通过推动社会的全面发展以满足人民日益增长的美好生活需要，成了新时代亟需解决的紧迫问题。

那么，变化前后的两个主要矛盾之间是何种关系？从改变"落后的社会生产"到改变"不平衡不充分的发展"，从满足"人民日益增长的物质文化需要"到满足"人民日益增长的美好生活需要"，主要矛盾在内涵和外延两方面均发生了改变。但不能割裂它们之间的联系，两个主要矛盾有机统一于马克思主义需要理论中。马克思恩格斯指出："人们为了能够'创造历史'必须能够生活。但是为了生活，首先就需要吃喝住穿以及其他一些东西。因此第一个历史活动就是生产满足这些需要的资料，即生产物质生活本身。"[2] 但人的需要又具有历史性并趋于复杂化："已经得到满足的第一个需要本身、满足需要的活动和已经获得的为满足需

---

[1]《三中全会以来重要文献选编》（下），中央文献出版社2011年版，第168页。
[2]《马克思恩格斯文集》第1卷，人民出版社2009年版，第531页。

要而用的工具又引起新的需要。"[1] 所以，当温饱问题得到解决时，人民的需要又从物质生活需要拓展为全方位的美好生活需要。主要矛盾决定主要任务，对新时代社会主要矛盾的认识不是对原有认识的简单否定而是批判性超越，这决定了我们不能改变或放弃经济建设的中心工作，而是要追求更高质量的发展，更加注重实现社会的全面进步和人的全面发展。

另一重要问题是，社会主要矛盾在新时代的变化，是否改变了我们对社会主义初级阶段的基本国情的判断？所谓社会主义初级阶段，指的是社会主义的欠发达阶段。在新时代，虽然我国经济社会发展取得了巨大的成就，但发展质量和效益、人均国民生产总值、科技创新能力、生态环境保护和生态生产能力等方面与发达国家还有较大差距，发展不平衡不充分的问题明显制约了人民生活质量的提升。只要我们的社会主义还达不到马克思所述的"资格"，就长期处于社会主义初级阶段，而主要矛盾的变化发生于这个历史阶段之中。由于它没有改变我们对初级阶段的判断，因此科学把握其中蕴涵的变与不变的辩证法，对我们具有重要的意义。

当然，不能认为我们原来致力于改变"落后的社会生产"是发展资本主义，而现在注重解决"不平衡不充分的发展"是要开始发展社会主义。改革开放不是搞中国特色资本主义。邓小平早就有定论，他不仅强调"贫穷不是社会主义"，而且提出判定"姓资"还是"姓社"的"三个有利于"判断标准。马克思也曾深刻批判道，资产阶级的统治"既不会给人民群众带来自由，也不会根本改善他们的社会状况，因为这两者都不仅仅决定于生产力的发展，而且还决定于生产力是否归人民所有"[2]。上述这些思想

---

[1]《马克思恩格斯文集》第1卷，人民出版社2009年版，第531—532页。
[2]《马克思恩格斯文集》第9卷，人民出版社2009年版，第246—247页。

在今天依然是适用的、科学的。没有发达的社会生产力，发挥社会主义的优越性就会沦为空谈，但我们同时不能忘了社会主义的本质除了"解放生产力，发展生产力"，还有更重要的方面，即"消灭剥削，消除两极分化，最终达到共同富裕"。对此，中国共产党人一直保持着清醒认知，只是原来我们没有具备足够的物质基础，需要抓紧补物质文明的课。但是，今天随着经济社会的发展和社会主要矛盾的变化，我们不仅要注重发展，更要注重增强人民的获得感、幸福感和安全感。

（四）日益走近世界舞台中央的中国有能力为人类作出更大贡献

对于新时代的定位，不仅要从国内的维度进行说明，同时还应把国内与国际相结合，把它放到中国与世界关系的大逻辑中加以审视。问题是，与原来相比，进入新时代的中国在世界体系中处于什么样的地位？中国与世界的关系究竟发生了多大的变化？

近代以来，中国被迫纳入由资本主义主导的世界体系，并长期处于这个体系的"边缘"位置。抗战的胜利特别是新中国的成立，为中国提高国际地位创造了良好的契机，但是由于我们当时把时代的主题归结为"战争与革命"并且处于美苏争霸的世界格局中，中国国际影响力的提升有限。直到20世纪70年代初，随着中国在联合国的合法席位得到恢复，以及中日、中美关系逐步走向正常化，中国在全球事务中不断发挥自身的作用，中国与世界的关系发生了重大的变化。基于这个新变化，在20世纪70年代末至80年代中期，邓小平改变了战争不可避免的设想，不仅根据国际形势的变化提出"争取比较长期的和平是可能的"[1]，而且对时代主

---

[1]《邓小平文选》第3卷，人民出版社1993年版，第233页。

题作了新的科学研判："世界上真正的问题，带全球性的战略问题，一个是和平问题，一个是经济问题或者说发展问题。和平问题是东西问题，发展问题是南北问题。……南北问题是核心问题。"[1]

作为发展中国家，中国面临的严峻挑战是如何"把发展问题提到全人类的高度来认识"[2]，即如何争取和平的国际环境为本国现代化建设服务。党的十一届三中全会把全党工作重心转移到现代化建设，确立了对内搞活经济、对外实行开放的战略方针。中国适时调整了对外政策，坚持走和平发展道路，推行独立自主的和平外交政策。我们顺应经济全球化的大趋势，积极加入世界贸易组织，摆脱贫困并跃升为世界第二大经济体，使中国的国际地位显著提升。党的十八大以来，我国经济的中高速发展与世界经济复苏乏力的状况形成强烈反差，中国对世界经济增长的贡献率超过30%。促进"一带一路"国际合作、倡议设立亚洲基础设施投资银行、推动《巴黎气候变化协定》生效、主办二十国集团领导人峰会、参与全球治理体系改革和建设等等，都显示了中国的主动姿态，表明中国国际影响力和话语权的增强。中国已经从世界体系的边缘位置"日益走近世界舞台中央"[3]。这个定位与中国作为最大的发展中国家的国际地位并不矛盾。由于我们国家发展不平衡不充分问题依然突出，在一些地方与欧美主要发达国家还有一定差距，因此不是"已经登上"而是"日益走近"世界舞台的中央。

中国与世界关系的历史性变化，是新时代的一个鲜明特征。过去我们主要强调中国的发展离不开世界，而今天不仅世界各国

---

[1]《邓小平文选》第3卷，人民出版社1993年版，第105页。
[2] 同上书，第282页。
[3] 习近平：《在庆祝改革开放40周年大会上的讲话》，人民出版社2018年版，第18页。

需要中国机遇,可以搭乘中国发展的"便车",而且人类共同面临问题的解决需要中国方案、中国力量和中国经验。中国特色社会主义在道路、理论、制度、文化等方面的发展,充分显示社会主义制度的优越性,拓展了发展中国家走向现代化的路径,在世界社会主义发展史上具有里程碑式的意义。西方的现代化模式并不是唯一的模式,21世纪的资本主义面临许多严重的结构性矛盾,资本逻辑主导下的社会变得更加不公平;同时,一些欠发达国家对西方现代化模式的简单效仿,在现实中面临着政治动荡、经济发展后劲不足等重重困境。因而,经济文化落后的国家要改变其在国际体系中的边缘境地,必须突破"西方中心论"的思维模式和现代化框架,摆脱对发达国家的"依附"。而另一方面,"中国式的现代化"发展模式为人类对现代化的追求树立了新的榜样,为发展中国家对美好社会制度的探索提供了全新选择。

日益走近世界舞台中央的中国,有自信、有能力为人类作出更大的贡献。新时代对应着新使命,"中国共产党是为中国人民谋幸福的政党,也是为人类进步事业而奋斗的政党。中国共产党始终把为人类作出新的更大的贡献作为自己的使命"[1]。在探索新时代如何为人类作贡献的过程中,人类命运共同体思想应运而生。推动构建人类命运共同体的创新理念,为审视中国特色社会主义与人类文明的关系提供了新的视阈。在尊重不同文明的差异、支持自主探索现代化道路的前提下,彰显中国特色社会主义的世界意义,倡导由世界各国人民共同推进人类命运共同体建设,是中国顺应时代潮流和尊重人类社会发展规律的必然选择。

---

[1] 习近平:《决胜全面建成小康社会 夺取新时代中国特色社会主义伟大胜利——在中国共产党第十九次全国代表大会上的报告》,人民出版社2017年版,第57—58页。

7 如何把握中国社会基本矛盾运动与新时代社会主要矛盾转化的关系？

马拥军 复旦大学马克思主义学院教授、博士生导师

一 疑难问题

新时代社会主要矛盾问题在习近平新时代中国特色社会主义思想中居于重要地位。抓住了主要矛盾的转化，就抓住了今后工作的要害。在"习近平新时代中国特色社会主义思想概论"课的教学中，有老师和学生提出"究竟新时代在先，还是主要矛盾转化在先"的问题。这个问题的提出本身就说明，他们没有理解习近平新时代中国特色社会主义思想中关于社会基本矛盾和主要矛盾关系的论述。可以说，中国社会基本矛盾运动与新时代社会主要矛盾转化的关系是催生习近平新时代中国特色社会主义思想并使其获得丰富发展的基础性内容，是习近平新时代中国特色社会主义思想的理论基石。深刻把握这一问题，不但关系到对习近平新时代中国特色社会主义思想核心要义和丰富内涵的科学理解和践行，而且攸关我国乃至世界的未来发展路径及前景。

要解决新时代与主要矛盾转化的逻辑先后关系，就需要引入

社会基本矛盾概念。在教学中讲到"中国特色社会主义进入新时代"的内容时，需要讲清楚主要矛盾转化这一客观依据；而要讲清楚这个客观依据，就需要讲清楚主要矛盾转化的马克思主义理论基础，即揭示它与基本矛盾的关系。对这一关系的深入思考和科学探索是以坚持历史唯物主义为理论前提的，即只有领悟和运用历史唯物主义的基本原理，特别是其中有关人类社会及其发展规律的内容，才能真正认清中国社会的基本矛盾运动决定了新时代的到来，而新时代的主要表现则是社会主要矛盾的转化。倘若认识不到这一点，或者对历史唯物主义基本原理特别是有关人类社会及其发展规律内容的理解不到位，都会在把握这一关系中遭遇困难。

二 教学解析

在教学中，较为普遍存在的疑难问题主要有以下三个。第一，未能认清当前中国社会基本矛盾和主要矛盾之间的关系。第二，未能科学地理解"新时代"的真正意旨究竟是由何种矛盾的转化决定的。第三，辨识不明进入新时代同社会基本矛盾运动和主要矛盾的转化之间存在着怎样的因果关系，即三者之间的因果关系在社会历史发展进程中是如何发生的。

（一）社会基本矛盾与主要矛盾的含义及其相互关系

首先让我们来看一下马克思对社会矛盾的论述。

历史唯物主义是对人类社会发展进程的历史考察，旨在揭示人类社会的发展规律，这就是社会基本矛盾运动的规律。马克思在《〈政治经济学批判〉序言》中对历史唯物主义的核心思想做了简要的表述，即"人们在自己生活的社会生产中发生一定的、必然的、不以他们的意志为转移的关系，即同他们的物质生产力的一定发展阶段相适合的生产关系。这些生产关系的总和构成社会的经济结构，即有法律的和政治的上层建筑竖立其上并有一定的社会意识形式与之相适应的现实基础。物质生活的生产方式制约着整个社会生活、政治生活和精神生活的过程。不是人们的意识决定人们的存在；相反，是人们的社会存在决定人们的意识。社会的物质生产力发展到一定阶段，便同它们一直在其中运动的现存生产关系或财产关系（这只是生产关系的法律用语）发生矛盾，于是这些关系便由生产力的发展形式变成生产力的桎梏。那时社会革命的时代就到来了。随着经济基础的变更，全部庞大的上层建筑也或慢或快地发生变革。……我们判断这样一个变革时代也不能以它的意识为根据；相反，这个意识必须从物质生活的矛盾中，从社会生产力和生产关系之间的现存冲突中去解释"[1]。由这一表述可知，马克思洞悉并揭开了人类社会发展的奥秘，即人类社会内部蕴含着的矛盾运动是推动其不断向前发展的根本动力。马克思开辟出了一条通达理解社会历史本质的思想路径。

那么，何谓社会基本矛盾呢？

人类社会是在矛盾运动中不断获得发展的。在社会发展过程中，存在着各种各样的矛盾，它们的地位和作用各不相同。就社会发展过程中矛盾的地位和作用来看，社会矛盾有基本矛盾和非基本矛盾之分。社会基本矛盾就是指贯穿社会发展过程始终，规定社会发展过程的基本性质和基本趋势，并对社会历史发展起根本推动作用的矛盾。生产力和生产关系、经济基础和上层建筑的矛盾是社会基本矛盾。这一基本矛盾贯穿人类社会发展过程的始

---

[1]《马克思恩格斯文集》第2卷，人民出版社2009年版，第591—592页。

终，规定了社会发展过程中各种社会形态、社会制度的基本性质；规定并反映了社会基本结构的性质和基本面貌，涉及社会的基本领域，囊括社会结构的主要方面（社会基本结构主要包括经济结构、政治结构和观念结构）；制约着社会其他矛盾的存在和发展，决定社会历史的一般进程，推动社会向前发展。

在生产力和生产关系、经济基础和上层建筑这一社会基本矛盾的运动中，生产力和生产关系的矛盾是更为基本的矛盾，它决定经济基础和上层建筑的矛盾的产生和发展。就像马克思所指出的，当旧的生产关系成为生产力发展的桎梏时，生产力就必然要求改变或变革生产关系，而一旦生产关系或经济基础状况发生了变化，就会同原有的上层建筑发生矛盾，并要求改变旧的上层建筑。社会基本矛盾的变化、发展又会引发其他社会矛盾的产生和发展。正是从这个意义上说，"一切历史冲突都根源于生产力和交往形式之间的矛盾"[1]。经济基础和上层建筑的矛盾也会影响和制约生产力和生产关系的矛盾。这是因为，生产力和生产关系的矛盾的最终解决还有赖于经济基础和上层建筑的矛盾的解决。生产关系或经济基础的变化，不仅决定于生产力的发展，而且受制于社会意识形态和政治法律制度（即上层建筑）的变化或变革。当上层建筑适应新的经济基础时，就必然会促进经济和社会的进步。当上层建筑不适应经济基础状况并阻碍生产力的发展时，只有解决了经济基础和上层建筑的矛盾，才能解决生产力和生产关系的矛盾，进而解放生产力、发展生产力。

理解了什么是社会基本矛盾，就为理解什么是社会主要矛盾奠定了基础。

在社会发展过程中，除了社会基本矛盾，还有社会主要矛盾。

---

[1]《马克思恩格斯文集》第1卷，人民出版社2009年版，第567—568页。

社会基本矛盾和社会主要矛盾不是同一个概念，也不是同一层次的矛盾。一般来说，社会基本矛盾是其他一切社会矛盾的根源，规定和制约着社会主要矛盾的存在和发展，社会主要矛盾是社会基本矛盾的具体体现。在实际生活中，社会基本矛盾往往要通过具体的社会矛盾表现出来。因此，在考察具体的社会时，我们通常会从经济、政治、文化等方面去分析社会矛盾，而这些具体领域或具体方面的矛盾往往是社会基本矛盾在社会各个领域或方面的表现或折射。例如，生产发展或经济发展的问题、政治发展的问题、分配领域的问题、文化思想建设的问题等，都存在着各种各样的矛盾，都受到社会基本矛盾状况的制约，同时也是社会基本矛盾在具体生活领域中的表现。所以，我们不仅要认识社会基本矛盾，而且要认识社会中的各种具体矛盾，特别是社会主要矛盾。这就是说，在社会生活中，各种具体矛盾的地位和作用是不平衡的，存在主要矛盾和非主要矛盾的区别。社会主要矛盾是指在社会发展过程的一定阶段上处于支配地位、起着主导作用的矛盾。我们在工作中经常说的要认识和抓住影响全局的主要问题，其实说的就是要认识和抓住主要矛盾。

社会主要矛盾的存在和发展，规定或影响着社会非主要矛盾的存在和发展。但社会主要矛盾不是一成不变的，它和非主要矛盾相互作用，在一定条件下会发生转化。也就是说，在社会发展的一定阶段上，由于社会经济、政治、文化等因素的变化，原有的社会主要矛盾会朝着两个方面转化：一是社会主要矛盾双方的内容发生一定变化；二是矛盾地位发生变化，原来的主要矛盾转化为从属地位的矛盾，而原来的某个非主要矛盾则上升为占支配地位的主要矛盾。由于社会主要矛盾发生了变化，它所影响的社会发展过程也会发生变化，出现新的阶段性特点。

(二)"新时代"的历史方位是由社会基本矛盾的变化决定的

通过马克思的论述我们可以看到,一个时代的形成是由社会基本矛盾的变化决定的。社会基本矛盾运动特别是生产力与生产关系的矛盾运动是社会发展的根本动力。

按照党的十九大报告的表述,自改革开放特别是党的十八大以来,我国在各个领域不断深化改革,在解放和发展生产力上取得了突破性的发展。国内生产总值自 2010 年开始稳居世界第二位,货物进出口和服务贸易总额均居世界第二位,对外投资和利用外资分别居世界第二位、第三位,制造业增加值连续七年居世界第一位,基础设施建设部分领域遥遥领先,高铁运营总里程、高速公路总里程和港口吞吐量均居世界第一位,220 多种主要工农业产品生产能力稳居世界第一位。我国社会生产力水平总体上显著提高,很多方面进入世界前列。除此之外,我国还在全面深化改革、民主法治建设、思想文化建设、人民生活、生态文明建设、军队建设、外交布局、全面从严治党和港澳台事务等方面取得了显著成就。这些方面所取得的成就表明我国的生产关系、经济基础和上层建筑发生了显著变革,更好地适应了生产力的发展状况。可以说,社会基本矛盾的运动带来了中国社会全方位的变革,不但使中国特色社会主义进入了新时代,而且开启了我国社会发展的新的历史阶段。

在党的十九大报告中,习近平总书记不但提出"中国特色社会主义进入了新时代,这是我国发展新的历史方位"[1],而且强调"中国特色社会主义进入新时代,在中华人民共和国发展史上、

---

[1] 习近平:《决胜全面建成小康社会 夺取新时代中国特色社会主义伟大胜利——在中国共产党第十九次全国代表大会上的报告》,人民出版社 2017 年版,第 10 页。

中华民族发展史上具有重大意义,在世界社会主义发展史上、人类社会发展史上也具有重大意义"[1]。这就意味着,我们对"新时代"的意指不能只作狭义的理解,即将其理解为"小时代",更要作广义的理解,即将其理解为"大时代"。具体地说,人们在理解"新时代"时,通常只是将其当作中国特色社会主义初级阶段的后半段,即从今天到 2049 年这一具体的时间段。这是一种狭义的理解,是将"新时代"当作"小时代"来理解。这种理解不能说其错,但其没有领悟"新时代"的真正意旨。习近平总书记强调"新时代",不仅仅是就中国特色社会主义初级阶段来说的,更是在超出这一初级阶段的意义上说的;不仅仅是就我国社会发展来说的,更是在世界社会主义和人类社会的发展意义上说的。这就要求我们必须将"新时代"放在历史唯物主义的大背景下进行理解,将其理解为一个"大时代"。

党的十三大报告指出,我国社会主义的初级阶段不是泛指任何国家进入社会主义都会经历的起始阶段,而是特指我国在生产力落后、商品经济不发达条件下建设社会主义必然要经历的特定阶段。我国从 20 世纪 50 年代生产资料私有制的社会主义改造基本完成,到社会主义现代化的基本实现,至少需要上百年时间,都属于社会主义初级阶段。然而随着我国经济社会的平稳快速发展,到 2010 年,我国人均 GDP 已经达到 4 000 美元,生产力水平已经达到中等发达国家水平,人民生活水平进入比较富裕的小康阶段。而根据我国当前的发展势头,预计到 2020 年,我国将全面建成小康社会,人均 GDP 达到 10 000 美元;预计到 2035 年,我国将基本实现社会主义现代化。这意味着我国社会主义初级阶段的建设

---

[1] 习近平:《决胜全面建成小康社会 夺取新时代中国特色社会主义伟大胜利——在中国共产党第十九次全国代表大会上的报告》,人民出版社 2017 年版,第 12 页。

目标基本实现。而到 2050 年，我国将被建成富强、民主、文明、和谐、美丽的社会主义现代化强国。那时，我国已经走出了社会主义的初级阶段，但是人们对之后的社会发展阶段并没有认识。凡事预则立，不预则废，这就需要对我国的未来发展阶段问题作出科学的前瞻性思考和探索。

习近平总书记使用"新时代"的另一层意旨是就世界社会主义和人类社会的发展来说的。随着人类社会生产力的不断发展，短缺经济逐渐被过剩经济所取代，原来被建构起来旨在解决短缺问题的经济基础、上层建筑等都将发生变革，一种新的制度文明，即共产主义将逐渐显现。虽然按照马克思在《1844 年经济学哲学手稿》中的阐述，资本主义将在肯定自身、否定自身的基础上完成对自身的否定之否定，从而进入共产主义的高级阶段。但是资本主义的这一自我扬弃、自我超越的过程未必会自觉地发生。所以习近平总书记强调，中国特色社会主义进入新时代，"意味着科学社会主义在二十一世纪的中国焕发出强大生机活力，在世界上高高举起了中国特色社会主义伟大旗帜；意味着中国特色社会主义道路、理论、制度、文化不断发展，拓展了发展中国家走向现代化的途径，给世界上那些既希望加快发展又希望保持自身独立性的国家和民族提供了全新选择，为解决人类问题贡献了中国智慧和中国方案"[1]。也就是说，伴随着过剩经济在世界范围内的出现，中国特色社会主义进入新时代，也将为世界社会主义和人类社会的发展开启一个新时代。这个"新时代"意指一个新型人类文明，即共产主义在世界范围内不断形成和发展的历史过程。

---

[1] 习近平：《决胜全面建成小康社会 夺取新时代中国特色社会主义伟大胜利——在中国共产党第十九次全国代表大会上的报告》，人民出版社 2017 年版，第 10 页。

(三) 主要矛盾的变化体现了"新时代"的特点

在中国特色社会主义进入新时代以后，生产力的显著提高，生产关系、经济基础和上层建筑的明显变革，使得社会生活的方方面面都发生了翻天覆地的变化，其中最显著最具决定意义的变化就是我国社会从生活必需品短缺的短缺经济逐渐转变为产能过剩和资本过剩的过剩经济。这一转变不但表明我国的经济发展形态发生了根本性转变，"落后的社会生产"在我国已经不符合实际，而且显示出了"我国人民生活水平显著提高，对美好生活的向往更加强烈"这一现状，即人民不仅对物质文化生活提出了更高要求，而且在民主、法治、公平、正义、安全、环境等方面的要求也在日益增长。在新的历史条件下，如何满足人民日益增长的美好生活需要成为实现社会发展的必须解决的主要问题。按照十九大报告的论述，在我国现今的社会生活中，影响满足人民美好生活需要的因素有很多，其中最主要的是发展不平衡不充分的问题，其他因素归根结底都是由它引发或派生的。发展不平衡，主要指各区域各领域各方面发展不平衡，制约了全国发展水平提升。发展不充分，主要指一些地区、一些领域、一些方面还存在发展不足的问题，发展的任务仍然很重。例如，就社会生产力来说，我国既有先进乃至世界领先的生产领域，也有大量传统的、相对落后甚至原始的生产领域，而且在不同地区、不同领域，生产力的发展水平和布局也不均衡。不平衡不充分的问题普遍地存在于我国经济社会发展的各方面，只是在程度上有所差别。虽然发展不平衡不充分会永远存在，但是发展的相对平衡和充分是可以争取实现的。所以，当中国特色社会主义进入了新时代，发展不平衡不充分成为抑制人民日益增长的美好生活需要的关键因素后，我国社会的主要矛盾就发生了转化，从"人民日益增长的物质文化需要同落后的社会生产之间的矛盾"转化为"人民日益增长的美好生活需要和不平衡不充分的发展之间的矛盾"。这一转化是由社会生活中经济、政治、文化等方面发展着的客观实际所决定的。这一转变不但深刻反映了我国社会生活和社会需要的新特点,而且指明了解决我国当前发展问题的根本着力点。

因此,从历史唯物主义的观点看,社会基本矛盾运动决定了时代的变化,而时代的变化又会使得社会主要矛盾发生转化。具体到我国,生产力与生产关系、经济基础与上层建筑的矛盾运动使得中国特色社会主义进入了新时代,而新时代条件下社会生活的客观实际又决定了社会主要矛盾的转化。

总之,只有在历史唯物主义的大背景下,科学理解"新时代"的意旨,才能更深刻地把握中国社会基本矛盾运动与新时代社会主要矛盾转化的关系。

8 如何深刻认识以人民为中心的发展思想?

李 冉　复旦大学马克思主义学院教授、博士生导师

一 疑难问题

党的十八大以来,习近平总书记创造性地提出了以人民为中心的发展思想。以人民为中心的发展思想,回答了发展为了谁、发展依靠谁、发展成果由谁共享这个中国特色社会主义的根本问题,反映了党的根本宗旨和根本政治立场,诠释了新时代中国共产党人为人民谋幸福的初心和使命。可以说,以人民为中心的发展思想,是习近平新时代中国特色社会主义思想的基础性、先导性的理论成果。关于如何认识以人民为中心的发展思想的问题,在"习近平新时代中国特色社会主义思想概论"课的内容体系中居于重要地位。

在教学的过程中,如何让学生认识以人民为中心的发展思想的问题是一个难点。引导学生学深悟透21世纪马克思主义、当代中国马克思主义,就要对学生讲清楚习近平新时代中国特色社会主义思想的精神实质,就要帮助学生掌握新时代中国共产党人进行伟大斗争、建设伟大工程、推进伟大事业、实现伟大梦想一以贯之的价值红线,而这些都离不开对以人民为中心的发展思想的

深入阐释。全面探究以人民为中心的发展思想，并重点解读这一思想与习近平新时代中国特色社会主义思想的科学体系之间的关联，对于学生来讲是一个关键性问题，对于教师来讲则是一个不能回避的教学挑战。

二 教学解析

以人民为中心的发展思想，确立了新发展理念必须始终坚持的基本原则，为全党准确把握经济社会发展的新阶段、新特征、新任务提供了理论依据和方法遵循。深刻领会这一思想的形成过程、丰富内涵和重大意义，是学深悟透习近平新时代中国特色社会主义思想的必然要求，是更好开展具有许多新的历史特点的伟大斗争、推进党的建设新的伟大工程、推进中国特色社会主义伟大事业、实现中华民族伟大复兴的重要前提。

（一）"以人民为中心的发展思想"的提出及其孕育过程

以人民为中心的发展思想，是在党的十八届五中全会上首次被提出的，是在新时代中国共产党治国理政的历史新实践中逐步发展起来的，它有着充分的孕育过程和形成依据。

第一，提出以人民为中心的奋斗目标，为"以人民为中心的发展思想"的形成创造了理论条件。奋斗目标最体现一个政党的立场和情怀。中国梦，归根到底是人民的梦，因而也是一个以人民为中心的奋斗目标。纵观这个奋斗目标的提出过程，不难发现，其中蕴含了三个渐次推进的逻辑关系。一是着眼于人民的现实利益，宣示党的奋斗目标。习近平总书记以生动的语言揭示了人民在教育、就业、住房、医疗、社保等方面的现实利益，并庄重宣示："人民对美好生活的向往，就是我们的奋斗目标。"二是着眼于人民的整体利益，明确党的奋斗目标。从顺应人民对美好生活的向往，到进一步提出"中国梦"，这其中的逻辑遵循就是人民的整体利益，正如习近平总书记所指出的："这个梦想，凝聚了几代中国人的夙愿，体现了中华民族和中国人民的整体利益，是每一个中华儿女的共同期盼。"[1] 三是着眼于人民的根本利益，升华党的奋斗目标。习近平总书记进一步提出"中国梦归根到底是人民的梦"，要让人民"共同享有人生出彩的机会，共同享有梦想成真的机会，共同享有同祖国和时代一起成长与进步的机会"[2]。这三个"共同享有"诠释了最广大人民根本利益、中国人民整体利益、中华民族最高利益的统一性，进一步明确了中国梦的本质。总之，我们党在宣示、明确、升华奋斗目标的过程中，都牢牢坚持以人民为中心，最终确立了中国梦的人民性。这就为"以人民为中心的发展思想"的提出创造了理论条件。

第二，宣示以人民为中心的执政理念与执政立场，为"以人民为中心的发展思想"的提出创造了政治条件。办好中国的事情，关键在党。要实现以人民为中心的奋斗目标，就要首先确立以人民为中心的执政理念和执政立场。坚持人民至上，就必须践行执政为民。这是政治实践的必然逻辑，也是理论创新的必然延伸。2014年2月7日，习近平总书记在俄罗斯索契接受专访时谈到了他本人的执政理念，"我的执政理念，概括起来说就是：为人民服务，担当起该担当的责任"。习近平总书记不仅对自己，对于党中央乃至全党，他都不断宣示以人民为中心的执政理念。第十八届中共中央政治局常委会产生后，他强调说，我们的责任就是"对人民的责任"。对于全党，他说道，"为人民服务是共产党人的天

---

[1]《习近平谈治国理政》，外文出版社2014年版，第36页。
[2] 同上书，第40页。

职"，"民心是最大的政治"，"党的一切工作，必须以最广大人民根本利益为最高标准"。2016年7月1日，在中国共产党成立95周年纪念大会上，习近平总书记庄严宣示："人民立场是中国共产党的根本政治立场，是马克思主义政党区别于其他政党的显著标志。"[1] 当前，我国的改革发展事业已经进入了"攻坚期"和"深水区"，要冲破思想观念的障碍和利益固化的藩篱，就需要执政党亮明身份、宣示立场。宣示以人民为中心的执政理念和执政立场，为党的建设和治国理政新实践注入了灵魂，从而为"以人民为中心的发展思想"的提出创造了政治条件。

第三，践行以人民为中心的工作导向，为"以人民为中心的发展思想"的提出创造了实践条件。党的十八大以来，我们党所有理论和实践都紧紧围绕着实现"中国梦"这个奋斗目标而精进展开。一个以人民为中心的执政党，追逐实现一个以人民为中心的奋斗目标，必然展开以人民为中心的社会实践。2013年8月19日，习近平总书记在全国宣传思想工作会议上提出了"树立以人民为中心的工作导向"的重要论断。从公开资料看，这是十八大以来习近平总书记首次在实践层面强调"工作导向"问题，由此"以人民为中心"从理念层面下沉到实践层面，这其中的逻辑正如他所指出的："以人民为中心的发展思想，不能只停留在口头上、止步于思想环节，而要体现在经济社会发展各个环节。"[2] 自此以后，以人民为中心的治国理政新实践就轰轰烈烈地展开了。比如，在谈到建设社会主义文化强国、改进宣传思想工作、改进新闻舆论工作、构建现代公共文化服务体系时，强调要坚持以人民为中心的工作导向。还比如，在"以人民为中心的发展思想"提

---

[1]《习近平谈治国理政》第2卷，外文出版社2017年版，第40页。
[2] 同上书，第213—214页。

出来以后,在谈到马克思主义政治经济学、供给侧结构性改革、网信事业、城市工作、食品安全、"十三五"规划、全面深化改革、知识分子创作、"健康中国2030"规划纲要、中国特色人权发展道路、公安机关和公安队伍建设等领域和问题时,都要求践行以人民为中心的发展思想。这就为"以人民为中心的发展思想"的提出创造了实践条件。

综上所述,以人民为中心的价值理念贯穿于治国理政的全过程,并有三种实现形态。一是实践形态,践行以人民为中心的工作导向,不断把治国理政新实践推向纵深,取得了实践新成就。二是理论形态,秉承以人民为中心这个马克思主义政治经济学的根本立场,形成和发展了中国特色社会主义政治经济学,开创了理论新篇章。三是思想形态,把理论发展和实践发展统一起来,不断推动思想升华,最终形成了指导社会实践发展的"以人民为中心的发展思想"。简言之,从实践到理论再到思想,是"以人民为中心"的实现过程,也是"以人民为中心的发展思想"的形成过程,还是马克思主义中国化的深化过程。

(二)"以人民为中心的发展思想"的内涵与要义

以人民为中心的发展思想,本质上就是以习近平同志为核心的党中央关于发展目标、发展主体、发展方法、发展效果等问题的系统论述。这一思想的基本要义主要包括以下四个方面。

第一,在发展目的上坚持一切为了人民。"大道之行也,天下为公"。党的十八届五中全会鲜明提出,"坚持以人民为中心的发展思想,把增进人民福祉、促进人的全面发展作为发展的出发点和落脚点"[1]。这就明确了以人民为中心的发展诉求,其具体包

---

[1]《十八大以来重要文献选编》(中),中央文献出版社2016年版,第789页。

括:一是着力提升共同富裕的"实现度",维护好最广大人民根本利益。共同富裕是共产主义社会的一个基本目标,最能体现社会主义的优越性和人民群众的根本利益。然而,我国尚处于并将长期处于社会主义初级阶段,实现这个目标需要一个漫长的历史过程。经过40年多年的发展,我们已经拥有了迈向共同富裕的最大可能和最好条件。对此,一定要有足够的现实自信和未来担当。二是不断增强人民的"获得感",维护好现阶段群众共同利益。群众的共同利益总是基于一定的社会基础,并因此而呈现出时代差异。在现阶段,群众的共同利益和普遍需求,已经不单表现为量的增长而更多表现为要求质的提升。这就需要提升发展的品质,把发展的目标和群众的普遍需求统一起来,维护好现阶段群众共同利益。三是有效扩大全面发展的"覆盖面",维护好不同群体具体利益。以人民为中心的发展思想,核心是促进人的全面发展。人的全面发展和全面发展的人,都不是抽象的、玄奥的概念,而表现为具体的人和实在的利益:发展的主体要全面,不能有缺位;发展的领域要全面,不能有短板。

第二,在发展主体上坚持一切依靠人民。"天地之大,黎元为本"。改革发展事业越是艰难,就越是要依靠人民的力量。习近平总书记指出:"无论遇到任何困难和挑战,只要有人民支持和参与,就没有克服不了的困难,就没有越不过的坎。"[1] 其一,坚持人民主体地位,核心是巩固人民当家作主的政治制度。具体说来,就是坚持和完善人民代表大会制度这个根本政治制度,以及中国共产党领导的多党合作和政治协商制度、民族区域自治制度、基层群众自治制度等基本政治制度。中国特色社会主义政治发展道路是坚持党的领导、人民当家作主、依法治国有机统一的道路,

---

[1]《习近平谈治国理政》,外文出版社2014年版,第97页。

是尊重和实现人民主体地位的道路。其二，尊重人民首创精神，核心是走群众路线。尊重人民首创精神，具体说来就是尊重人民所表达的意愿、所创造的经验、所拥有的权利、所发挥的作用，其方法论就是坚持群众路线。群众路线，本质上体现的是马克思主义关于"人民群众是历史的创造者"这一基本原理，是对人民首创精神的最大尊重。其三，依靠人民力量，核心是把人民组织起来。组织起来，从来都是超大规模中国不断走向胜利的奥秘所在。没有人民的参与和支持，任何改革和发展都不可能取得成功。依靠人民推动发展，关键是把人民动员和组织起来，投身到党领导的伟大事业中去。

第三，在发展方法上坚持一切从问题出发。"问题是时代的声音"。共产党人谋事创业从来都是从问题出发，推动理论创新也从来都是坚持问题导向。坚持以人民为中心的发展思想，就是要更好地解决人民生活和经济社会发展中的实际问题，其问题导向不仅鲜明而且具体：一方面是从问题出发，通过解决人民的需求而实现更好的发展；另一方面是顺应人民期待，通过更好的发展而解决人民的需求。一是坚持问题导向与目标导向相结合，准确定位人民的需求和发展的着力点。以人民为中心，是发展的目标导向；发展，是以人民为中心的问题导向。只有树立了目标导向，问题导向才能精准。增进人民福祉、促进人的全面发展，是"以人民为中心发展思想"的目标导向。依此，我们的问题导向主要有两个要义。宏观来看，问题导向就是"老百姓关心什么、期盼什么，改革就要抓住什么、推进什么"[1]，"群众想什么、我们就干什么"[2]。微观来看，问题导向就是从具体问题入手，从群众

---

[1]《习近平谈治国理政》第1卷，外文出版社2017年版，第103页。
[2]《习近平关于全面建成小康社会论述摘编》，中央文献出版社2016年版，第150页。

最关心最直接最现实的利益问题入手。二是坚持问题导向与结果导向相结合，做出经得起实践、人民、历史检验的实绩。结果导向强调的是实际成效，是老百姓的"定心丸"。坚持结果导向，就是明确发展的路线图和时间表，让老百姓知晓发展的预期。只有树立了结果导向，问题导向的坚持才能坚决。习近平总书记强调："每项改革落实要有时间表、路线图，跑表计时，到点验收。"[1]以抓落实、见成效为结果导向，我们的问题导向就有两个内在要求：解决问题要发扬钉钉子精神；解决问题要"功成不必在我"。

第四，在发展效果上坚持一切由人民检验。"知政失者在草野"。人民的期待是否变成了执政者的行动，人民的希望是否变成了生活的现实，人民最有资格评价。以人民为中心的发展思想，具有彻底的人民性，它完整地回答并确认了人民的评价权。首先，人民是至高无上的评价主体。习近平总书记指出："我们党的执政水平和执政成效都不是由自己说了算，必须而且只能由人民来评判。人民是我们党的工作的最高裁决者和最终评判者。如果自诩高明、脱离了人民，或者凌驾于人民之上，就必将被人民所抛弃。"[2]其次，牢牢坚持为人民谋利益的政绩观。民心是最大的政治，民心决定政绩观。在实际生活中，有的领导干部不是从群众正在做什么和想要做什么出发，而是从我要做什么出发，最终背离人民的意愿；有的领导干部不是从群众的整体利益出发，而是从局部利益甚至特殊利益出发，最后伤害人民的利益，如此等等。再次，着重把干事创业作为干部考核评价体系的重要内容。政治路线确定后，干部就是决定的因素。落实以人民为中心的发展思想，主体是人民，关键在干部，要害是干部考评体系。要把

---

[1]《习近平主持召开中央全面深化改革领导小组第三十一次会议强调　投入更大精力抓好改革落实　压实责任提实要求抓实考核》，《人民日报》2016年12月31日。
[2]《十八大以来重要文献选编》（上），中央文献出版社2014年版，第698页。

为人民干事创业的考核评价工作进一步制度化、系统化。

(三) 坚持"以人民为中心的发展思想"的重大意义

以人民为中心的发展思想是以习近平同志为核心的党中央提出的重大理论成果,具有重大而深远的历史意义。这一理论成果之所以具有重大影响,是由两个因素决定的。一是由理论成果的重要地位所决定。发展是党执政兴国的第一要务,是解决中国一切问题的基础和关键。解决好发展问题,就为治国理政奠定了雄厚的基础,也就打开了中国特色社会主义的历史之门。因而,这一理论成果必将在习近平新时代中国特色社会主义思想中居于基础性、先导性地位。二是由理论成果的重要功能所决定。这一成果就如同一座信号"发射塔",覆盖面广,辐射功能强。开展具有许多新的历史特点的伟大斗争、推进党的建设的伟大工程、推进中国特色社会主义伟大事业,都可以从这一成果中汲取思想的养分和前进的动能。

第一,推进中国特色社会主义伟大事业,需要坚持以人民为中心的发展思想。坚持和发展中国特色社会主义必须从客观实际出发。当代中国最大的客观实际,就是我国仍处于并将长期处于社会主义初级阶段。这就决定了我们必须坚持以经济建设为中心。同时还要看到,客观实际不是一成不变的,而是处在不断发展变化当中,尤其要看到我国经济社会发展呈现出来的新特点,特别是社会主要矛盾发生了转化。这就决定了我们必须坚持以人民为中心的发展思想。在发展问题上,以经济建设为中心和以人民为中心并不是相互否定的,而是辩证统一的。以经济建设为中心,重在实现了物的不断丰富;以人民为中心的发展,重在实现人的全面发展。只有把两者统一起来,中国特色社会主义才能是全面发展的社会主义。以人民为中心的发展思想,集中反映了我们党对发展阶段的新判断和对发展规律的新认识，深刻揭示了实现更高质量、更有效率、更加公平、更可持续发展的必由之路。这条发展之路通向共同富裕和人的全面发展，这正是社会主义的本质要义。简言之，以人民为中心的发展思想是推进中国特色社会主义伟大事业的"指南针"。

第二，推进党的建设新的伟大工程，需要坚持以人民为中心的发展思想。习近平总书记指出："能不能保持经济社会持续健康发展，从根本上讲取决于党在经济社会发展中的领导核心作用发挥得好不好。"[1] 这一论断蕴含了厚重的历史逻辑。90多年来，中国共产党无往不胜的本质原因就是把党性和人民性统一起来，而实现这种统一的重要经验就是把党的建设和党领导的事业统一起来。党的十八大以来，习近平总书记在党内提出"人民立场是中国共产党的根本政治立场"，在人民群众中提出"以人民为中心的发展思想"，这就是把最高的党性和最彻底的人民性统一起来了。以人民为中心的发展思想，反映了坚持人民主体地位的内在要求，彰显了人民至上的价值取向，而这也正是全面从严治党继而推进党的建设新的伟大工程的价值遵循与行为坐标。以人民为中心的发展思想，是党的建设和党的事业的合题，是党性和人民性的合题，也必将成为推进党的建设新的伟大工程的"动力源"。

第三，开展具有许多新的历史特点的伟大斗争，需要坚持以人民为中心的发展思想。中国特色社会主义事业是前无古人的开创性事业，前进道路上不可能一帆风顺，我们必须准备进行具有许多新的历史特点的伟大斗争。任何伟大斗争的前途和命运最终都取决于人心向背。坚持以人民为中心的发展思想，就是在"蛋

---

[1]《习近平关于社会主义经济建设论述摘编》，中央文献出版社2017年版，第325页。

糕"做大之时摒弃全面的政党私利,这是一种道义的力量;就是以人民立场和优良作风始终与人民保持血肉联系,这是一种人格的力量;就是坚守人民至上和人民创造历史的唯物史观,这是一种真理的力量;就是致力于人的全面发展从而获得人民的衷心拥护,这是一种历史的力量。以人民为中心的发展思想,是开展具有许多新的历史特点的伟大斗争的"助力器"。

9 如何把握稳中求进工作总基调？

杨承训 河南财经政法大学资深教授、博士生导师

一 疑难问题

稳中求进工作总基调是习近平总书记的一大理论创新，回答了新时代中国特色社会主义以什么样的节奏和力度发展，怎样以新的科学发展思路和方针实现高质量发展，以及怎样不断增强高质量持续健康发展的定力和活力。稳中求进工作总基调是中国特色社会主义政治经济学创新的重要内容，我们应当从客观经济规律的高度深化认识，进而统领中国特色社会主义的整个发展进程和全部工作。它作为习近平新时代中国特色社会主义思想的有机组成部分，在"习近平新时代中国特色社会主义思想概论"课内容体系中有重要地位。

总基调是全局性、长远性的指导准则，涉及治国理政的方方面面。这就决定了要让学生深入理解稳中求进工作总基调，不仅是一个教学重点，更是一个教学难点。要在教学过程中突破这个重点难点，应着重把握三个问题：一是从社会主义建设的历史经验和新时代的现实需要去理解其提出的依据；二是从生产力发展的一般规律和新时代中国特色社会主义发展特殊规律的结合中来理解其科学内涵；三是立足稳中求进总基调，系统化解人民日益增长的美

好生活需要与不平衡不充分发展之间的矛盾。

二 教学解析

习近平总书记多次强调："稳中求进工作总基调是治国理政的重要原则，要长期坚持。"[1]作为中国特色社会主义政治经济学创新的重要内容，稳中求进工作总基调是中国实现高质量科学发展必须长期坚持的基本方针和准则，具有客观必然性，它是保证社会主义改革发展、持久提高、永葆活力、长治久安的重要法宝。教师在讲授过程中要从客观经济规律的高度进行讲解，引导学生深刻认识：以习近平同志为核心的党中央总揽全局，提出和实施稳中求进工作总基调，能够纵横捭阖，科学系统地运用多种资源尤其是新的动力，在新时代把握客观规律，稳妥地化解主要矛盾，更加坚定地从"赶上时代"到实现全面"引领时代"。

（一）历史经验的总结和在新时代的升华

"稳中求进"是在对历史经验的总结和对新形势的研判基础上形成的新理论。回顾历史，马克思恩格斯科学揭示了社会主义胜利的必然趋势，指出了社会化的生产关系总体上最适合社会生产力的发展要求。然而对于其具体怎样发展，当时并没有实践经验。后来的几代社会主义领导人都怀有加快生产力发展的强烈愿望，一开始总是设想得比较顺利，期望在短期内能领导经济落后国家超越西方发达资本主义国家。因此，这一时期的社会主义发展总是突出一个"快"字，把"快"当作社会主义特征，尽管取得了巨大成就，但也造成不少损失，有的还相当严重。

---

[1]《中央经济工作会议在北京举行》，《人民日报》2017年12月21日。

列宁是第一个社会主义国家的缔造者,是社会主义建设道路的开拓者。他在比较顺利地取得政权之后形成了急进的战略构思,以战争的思维对待经济建设,结果遭到重大挫折。为此,他不得不退却,实行新经济政策。在历经几年的恢复经济阶段之后,斯大林采用计划经济体制,使经济迅速发展;但他也急于求成,认为发展快是社会主义制度最大的优越性,过早宣布建成社会主义,导致经济留下了很多后遗症,国民经济比例失调,经济社会发展活力下降。赫鲁晓夫为反对斯大林,拼命以"土豆烧牛肉"式的共产主义加速,意图在短期内超过美国,结果引起国内外巨大震荡。勃列日涅夫执政期间苏联经济出现了20多年的停滞甚至负增长,其后戈尔巴乔夫走上邪路,跳到另一个极端,导致存在74年的第一个社会主义国家灭亡。历史地看,这是最严重的颠覆性错误。

中国的社会主义经济建设在新中国成立初期探索比较谨慎,进展比较顺利,第一个五年计划得以稳妥、顺利实施;但在建设过程中也存在着社会主义改造要求过急、工作较粗、形式单一等问题。以毛泽东为核心的党中央领导集体急于实现经济高速发展,设想15年超过英国,进而提出了"多快好省"的方针,片面强调核心是"快"。1958年发动的"大跃进"相应地刮起了"共产风",使国民经济遭到重大挫折,有的甚至是灾难性的。过快过急的发展速度不符合、不适应客观所能容纳的生产力发展力度和所要求的节奏,想"快"反倒造成了"慢"的后果。之后"以阶级斗争为纲"的"文化大革命"造成了不稳定的社会环境,导致经济发展严重受挫。这两次对社会主义建设的错误探索是我国社会主义发展史上的严重教训。

改革开放以后,我国社会主义经济建设的主要任务是解决"富起来"的问题,坚持"发展是硬道理",使多年受束缚的生产力活力迸发出来,此后30多年我国经济增长速度保持在年均10%以上。这一时期我国经济建设强调改革要循序渐进,不搞群众运动,保持社会稳定,经济发展成效显著。不过,这一阶段也经历过几次曲折和调整,发展的基调从"又快又好"调整为"又好又快",进而形成了科学发展观。

中国社会主义经济建设在进入21世纪第二个十年时面临一个新的关口,经济发展由量变为主转向以质变为主,同时经受着经济增长换挡期、经济调整阵痛期和前期刺激政策消化期这"三期叠加"的巨大考验。面对"中国崩溃论""中国硬着陆论"、中国进入"中等收入陷阱"等种种论调,以习近平同志为核心的党中央沉着应对,深入调查,总结长期历史经验,以坚持"问题导向"、运用"倒逼机制"的辩证思维,提出进入新常态的判断,作出以"稳中求进"为总基调的一系列决策,进一步引领我国进入"强起来"的新时代。

从长远目标看,稳中求进工作总基调具有更加重要的意义。在世界范围内,社会主义和资本主义两种制度的竞跑不是百米赛而是马拉松赛,必须长久保持定力和增强后劲。我们可以大体这样估量,社会主义在这个长途竞跑的过程中可能要经历五个阶段:(1)奠定基础阶段,即在夺取政权后用几十年的时间建立经济与政治基础,大体相当于苏联卫国战争之前和我国改革开放之前;(2)发展崛起阶段,即追赶发达资本主义国家,大体相当于20世纪苏联最后的40年和我国改革开放后"富起来"的30多年;(3)冲刺阶段,即在一些领域实现超越,建成社会主义现代化强国,大体相当于我国进入新时代到21世纪中期"强起来"的30多年;(4)优势凸显阶段,即社会主义占绝对优势,进一步影响世界,这可能要再用几十年的时间;(5)社会主义制度影响遍及全球,这可能需要花更长的时间。苏联在第二个阶段内部出问题、外部遭围堵,最终解体。其历史证明,在(1)、(2)阶段,世界垄断资本主义势力靠武力不能消灭社会主义国家,但却能通过内部演变和外部遏制使之变质。当前资本主义总体上处于优势地位，我们需要清醒认识与有效应对新矛盾与新风险。我国正处在（2）阶段和（3）阶段的节点上，内外矛盾交织，有的还相当尖锐：霸权主义国家以多种口实和手段实施干扰、遏制、促变等软硬伎俩，图谋搞垮中国；国内也存在诸多挑战，面临着种种严峻考验。对此，习近平总书记告诫全党："要时刻准备应对重大挑战、抵御重大风险、克服重大阻力、解决重大矛盾。"[1] 在这个较长的历史进程中，必须稳中求进。由此，我们可以深化理解稳中求进工作总基调乃是建设社会主义的大方针。

上述进程说明，稳中求进是历史经验的总结，更是推动高质量发展的总基调。它反映了经济规律的客观要求，回答了新时代中国特色社会主义应当以什么样的节奏和力度发展的问题。稳中求进工作总基调是进入建设现代化强国的新时代经济发展和国家治理的基本准则，创新了中国特色社会主义政治经济学。这是一次重要的理论升华，是习近平新时代中国特色社会主义经济思想的重要内容。

（二）以客观规律为根基的科学内涵

马克思指出："一个社会即使探索到了本身运动的自然规律……它还是既不能跳过也不能用法令取消自然的发展阶段。但是它能缩短和减轻分娩的痛苦。"[2] 这告诉我们，经济社会是一个分阶段发展的自然过程，生产力不能随人们的主观意志跳过必经的阶段，即使可以缩短其发展进程，但也总是有个循序渐进的自然顺序，以实现质变和量变的统一。稳中求进工作总基调的提

---

[1]《习近平谈治国理政》第 2 卷，外文出版社 2017 年版，第 32 页。
[2]《马克思恩格斯文集》第 5 卷，人民出版社 2009 年版，第 9—10 页。

出和实施，也是按照这个"自然"进程的规律提出来的，是社会生产力发展的一般规律与新时代中国特色社会主义特殊规律的辩证结合。

从一般意义上看，生产力的稳健发展必须有一个稳定的社会环境做保障。纵观古今中外的历史，无论是我国古代战国时秦国的商鞅变法、汉初的文景之治、唐代的贞观之治与开元盛世等时期，还是国外资本主义制度兴起的初期，都经历了经济发展的繁盛阶段，这表明相对稳定的环境和可持续的发展能够推动生产力突飞猛进。然而，它们却不可能永久性稳定，其基本矛盾表现了激烈的阶级冲突，最终导致其或是衰落、灭亡，或是以沉重的代价换来生产力自发地更新。当前，主要西方国家在爆发了严重经济危机之后乱局丛生，发展乏力；社会主义国家自诞生以来也曾遭遇过不少曲折（主要是计划经济体制导致的一些错误）。这表明以习近平同志为核心的党中央提出的稳中求进工作总基调是顺应社会生产力发展的一般规律和社会主义特殊经济规律的理论和方略的创新。

我们应当深刻认识"稳中求进"之所以能够成为工作的"总基调"，是因为有客观规律可循。这个规律就是创造稳定的社会经济环境，以科学的节奏、合理的力度持续发展、全面治理，驾驭社会主义市场经济，充分发挥社会主义优势。这个规律既反映了社会发展的普遍趋势，更体现了中国特色社会主义的个性特征，特别是适应了高质量发展阶段的客观要求。

基于对客观规律的认识，习近平总书记指出："稳中求进工作总基调是治国理政的重要原则，也是做好经济工作的方法论。"[1]

---

[1]《习近平关于社会主义经济建设论述摘编》，中央文献出版社 2017 年版，第 332 页。

"稳"和"进"是辩证的统一,"稳"是基础,"进"是主导。当前,"'稳'的重点要放在稳住经济运行上,确保增长、就业、物价不出现大的波动,确保金融不出现区域性系统风险。'进'的重点要放在调整经济结构和深化改革开放上,确保转变经济发展方式和创新驱动发展取得新成效。'稳'和'进'要相互促进,经济社会平稳,才能为调整经济结构和深化改革开放创造稳定的宏观环境;调整经济结构和深化改革开放取得实质性进展,才能为经济社会平稳运行创造良好预期"[1]。

稳中求进的基本内涵是:在稳定的社会经济环境中,以科学合理的节奏和力度提高经济质量、优化经济结构、保持经济增长、取得最佳经济效益的发展方式。这里,"稳",狭义的理解是避免发展的大起大落;广义的理解是环境、前提、准则。"进",狭义的理解是不断进取,有快有慢;广义的理解是效率、进程、目标。综合起来就是在保持高质量的同时以合理速度发展。

综上所述,我们应当深化认识:坚持稳中求进工作总基调不仅是工作方法、生产方式的问题,而且是把握全局的大事,是充分发挥社会主义整体优势的基本方针,必须长期坚持。我们应当把它提升到社会主义经济规律的高度来领会和贯彻。

(三)以实策实体实效实力系统化解主要矛盾

贯彻稳中求进工作总基调,是一个自觉运用客观规律的系统工程,而将遵循客观规律变为人民的自觉行为要经过曲折复杂的过程。只有善于把客观的自发变为认识上和行动上的自觉,才能驾驭自发过程。特别是在社会主义市场经济下更要学会把握自发

---

[1] 《习近平关于社会主义经济建设论述摘编》,中央文献出版社 2017 年版,第 321 页。

与自觉的关系,从客观的倒逼机制中认识客观实际,并将其上升为理论和方略的自觉。因此,习近平总书记在党的思想路线中特意加上了"求真务实"四个字。贯彻稳中求进工作总基调,必须"实"字当先。

中国进入新时代面临的主要矛盾是人民日益增长的美好生活需要和不平衡不充分发展之间的矛盾,稳中求进工作总基调则是长期化解主要矛盾和各种困难的重要方针。它何以能够化解主要矛盾呢?核心是一个"实"字。具体来说要依靠四"实":化解新时代主要矛盾的新实策,立足于稳健发展的实体经济,争取没有水分的实效,积累储备抗拒和化解重大风险的实力。四者紧密联系,一个是宏观上的顶层指导理念,一个是现实稳定的微观基础;一个是预期达到的扎扎实实的效果,一个是确保安全的强大实力。这是一个巨大的系统工程。

从稳中求进的实策来说,要贯彻新发展理念。创新发展是运用"第一动力"推进经济充分发展的最基本动力。经济质量低的主要原因是科技含量低,导致消耗高、效率低、品味差、竞争力弱。面对这种情况,要稳中求进实现动力转换,充分利用科技创新替代旧有的动力、方式,为克服资源瓶颈开拓新的路径,大幅提升经济质量。同时,也应以创新之实应对国际挑战。

协调发展是解决发展不平衡的主要指导思想和重大举措,要稳中求进解决区域、城乡、产业等发展差距大的问题。这里有几点需要全面理解、准确把握。一是要全面理解协调和创新的辩证统一。协调发展不是落后地区完全按照先进地区模式追赶、乡村完全按照城市的原形建设,而是发挥自身的优势,有特色地发展,以先进的生产力、先进的科技建设新型的特色地区、特色乡镇、特色产业,形成多元的多样的发展格局。二是不能将之理解为没有重点地齐步发展,而是"抓住重点带动面上工作,推动事物发展不断从不平衡到平衡"[1]。要在动态中协调，落后的事物要淘汰，先进的事物要加快发展，再带动面上。三是协调发展还包括满足人民文化等各方面需要，促进人的全面发展，这些都是稳中求进工作总基调的应有之义。

绿色发展是指提供满足人民美好生活需要的自然环境公共产品。生态文明是现代化的标志，中国特色社会主义不仅要满足人民物质文化需要，而且要为人民提供健康的生态环境。稳中求进要求不过分以物质消耗环境为代价发展经济，而是要全面满足人民更加美好的生活愿望，补齐生态短板，充分发展生态建设。为此当前我国正在开展治理环境的攻坚战，大力发展循环经济。

开放发展是我国参与国际经济、保持坚实发展的根本性战略举措。习近平总书记要求"厚植开放"，不但要下功夫提高质量，在国际市场竞争中占领制高点，并且要参与和引领世界治理，打造人类命运共同体。当前我国已经取得影响国际经济格局的巨大成效，外汇储备和进出口贸易总额稳居世界第一，"一带一路"影响全球100多个国家。为进一步扩大开放，构建开放型国家，必须下实劲，尤其是反对贸易保护主义，要"走出去"和"引进来"兼行，注重防范外来风险，稳中求进求优求胜，引领经济全球化潮流。

共享发展是社会主义本质的体现，应当将其提高到满足更广大人民的美好生活需要的高度来进行认识和加以实施。党和政府所作的一切努力特别是精准扶贫攻坚战，是客观上消除两极分化、实现共同富裕的历史性举措，为世界所称赞。稳中求进、全面实现小康进而建设现代化强国，必须始终扎实坚持共享发展，更好

---

[1]《习近平关于全面建成小康社会论述摘编》，中央文献出版社2016年版，第207页。

发挥中国特色社会主义的巨大优势,为发展中国家做出榜样。

从稳中求进的载体来说,核心是支持实体经济活起来、强起来。市场经济有一个自发趋势,即发展到一定程度特别是形成资本巨头控制市场之后,便倾向于发展虚拟经济,以钱生钱,以高杠杆率赚取更多财富,推动经济虚拟化,这往往引发金融危机。尽管社会主义市场经济能够防范经济虚拟化,但也存在一些资本巨头转向打金融牌,一些地方政府为加快发展不惜大量借债,有的金融机构以高杠杆率进行内循环,加上国际金融投机的影响,也可能引发系统性金融风险,造成灾难性后果。这是与稳中求进工作总基调相悖的。基于这种情况,习近平总书记一再强调金融要回归为实体经济服务的轨道,把防范系统性风险作为头号攻坚战。我们必须明确,真正创造财富的是实体企业,实体经济是整个国民经济的根基。金融虽然重要,但不能取代实体经济,只能为实体经济服务。我国及时实行的供给侧结构性改革和去产能、去库存、去杠杆、降成本、补短板等重要措施,正是贯彻稳中求进工作总基调的具体体现,特别是供给侧结构性改革,重点在于壮大实体。从系统化解新时代主要矛盾的要求看,必须长期坚持这个方针。

从稳中求进的实效来说,总体收效很高,关键在于实在。有人认为,稳中求进使发展慢下来,经济增量会减少,这是一种片面的看法。第一,事物发展是质与量的统一,质量高在一定条件下也等于数量多。一个国家的综合国力不只取决于数量大,还必须质量高、结构优、社会稳定、抗风险能力强。目前,我国经济总量排世界第二,但综合实力、创新能力尤其是人均财富还与发达国家有很大的差距。现在必须着力提高质量、优化结构,争取更好的经济效益,着力解决不平衡不充分发展的问题。第二,我国目前保持中高速度,在世界上仍处于领先地位,成为世界发展的引擎。以 2017 年为例，我国经济增速 6.9%，实际增量 1.2 万亿美元，等于 2016 年澳大利亚一年的经济总量，等于美国增量的 3 倍。[1]

从稳中求进的实力来说，我国已经积累了强大的综合国力，今后稳步发展，久久为功，抗风险的能力将会雄居全球之首。有人担心，稳中求进扛不住航行过程中的"十二级台风"。应当说，面对世界的不确定性，我们需要有忧患意识，然而只有稳中求进才能做到有备无患。苏联在第二次世界大战前夕，只顾加快发展，却忽略了外敌的突袭，在苏德战争初期吃了大亏。我国稳中求进，统筹内外两个大局，准备应付一切不确定因素造成的风险，尤其是在发展中大力增进国防力量，优先发展军事科技，实行积极防卫的方针。历史证明，越是随时以强军准备应对战争，越能减少打起来的概率，这体现了实力的制衡机制。加上我们的和平外交政策，长期的和平环境是可以争取的。我们继续坚持稳中求进工作总基调，进一步增强综合实力，称雄世界而不称霸，确保实现建设社会主义现代化强国的伟大目标。

---

[1] 中华人民共和国统计局：《2017 年国民经济和社会发展统计公报》，中国统计出版社 2018 年版。

10 如何理解建设现代化经济体系？

顾钰民　复旦大学马克思主义学院教授、博士生导师

一 疑难问题

国家强，经济体系必须强。建设现代化经济体系，是以习近平同志为核心的党中央从党和国家事业全局出发，着眼于实现"两个一百年"奋斗目标、顺应中国特色社会主义进入新时代的新要求作出的重大战略决策部署。建设现代化经济体系，既是中国特色社会主义经济发展的总纲，又具有关乎社会主义现代化强国建设的战略意义，是习近平新时代中国特色社会主义思想的重要内容。

在讲授新时代中国特色社会主义经济建设课程内容时，要向学生重点讲授如何理解建设现代化经济体系这一难点问题。具体讲，就是要重点讲清楚建设现代化经济体系为何是跨越关口的迫切要求和我国发展的战略目标，讲清楚如何把经济健康发展纳入建设现代化经济体系的轨道，讲清楚什么是建设现代化经济体系的基本保障。这些问题对于学生掌握习近平新时代中国特色社会主义经济思想具有关键意义。

二 教学解析

建设现代化经济体系是引领我国经济改革和发展的基本目标，

意味着我国经济改革发展进入体系创新的阶段,意味着发展思路的新提升。党的十九大报告提出建设现代化经济体系,并明确把它作为引领我国经济改革和发展的战略性目标。[1] 我国进入中国特色社会主义新时代,社会主要矛盾转变的新条件使建设现代化经济体系具有了创新意义。

(一)建设现代化经济体系是跨越关口的迫切要求和我国发展的战略目标

以建设现代化经济体系来统领经济改革和发展是深化改革的新要求。实现"两个一百年"奋斗目标,实现中华民族伟大复兴的中国梦,不断提高人民生活水平,必须坚持社会主义市场经济改革方向,推动经济持续健康发展。

1. 由高速增长转向高质量发展是我国经济发展的大逻辑

我国经济由高速增长转向高质量发展阶段,发展方式从规模速度型粗放增长转向质量效益型集约增长,经济结构从增量扩能为主转向调整存量、做优增量并举的深度调整,经济发展动力从传统增长转向新的增长点。适应新常态,需要在在经济体制、机制、经济发展体系等方面作出适时的改革和建设,以更好地与经济发展大逻辑相一致,这是党的十九大提出建设现代化经济体系的宏观背景。

2. 建设现代化经济体系是跨越关口的迫切要求

我国经济由高速增长转向高质量发展阶段,正处在转变发展方式、优化经济结构、转换增长动力的攻关期,建设现代化经济体系是跨越关口的迫切要求,也是实现经济发展的战略目标的基

---

[1] 习近平:《决胜全面建成小康社会 夺取新时代中国特色社会主义伟大胜利——在中国共产党第十九次全国代表大会上的报告》,人民出版社2017年版,第29页。

础。坚持质量第一、效益优先,以供给侧结构性改革为主线,推动经济发展质量变革、效率变革、动力变革,提高全要素生产率,着力加快建设实体经济、科技创新、现代金融、人力资源协同发展的产业体系,着力构建市场机制有效、宏观调控有度的经济体制,不断增强我国经济创新力和竞争力。

第一,跨越经济发展由低质量向高质量发展的关口。质量第一、效益优先是对生产、效益的要求,也是对经济体系提出的客观要求。在粗放型、以速度为衡量指标的传统体系下,数量第一、效益低下是原有经济体系的特征,与其说它是原来个别企业存在的问题,不如说是整个经济体系存在的问题,现在要改变的不是个别企业的问题,而是经济体系整体的问题。经济体系是一个大环境,大环境不改变,落后企业就有生存的空间,改变了大环境就消除了落后企业的生存条件,使其难以存活,所以不是解决个别企业的具体问题,而是要在现代化经济体系中形成落后企业不能生存的宏观环境,现代化经济体系作用的不是个别企业,而是经济发展的整体环境。

第二,深化供给侧结构性改革,建设现代化经济体系必须把发展经济的着力点放在实体经济上。实体经济是经济发展的根基和依靠,这是我国总结经济发展实践得出的基本经验。一段时间里,人们似乎认为现代经济就是以虚拟经济为主,就是进入了金融经济的时代,证券、股票、房地产等是现代经济的象征,建设现代化经济就是要把发展的着力点转向虚拟经济,这样可以少花力气或不花力气就能够产生财富的大规模增值,于是虚拟经济一度盛行。的确,虚拟经济没有像实体经济那样的诸如项目选择、投资、生产、销售等一系列环节的复杂烦琐过程,且实体经济周期比较长,虚拟经济只需要从钱到生钱的简单直接过程;的确,一部分人也可以从中获得好处,但这是不能持续的,世界经济的发展证明了靠虚拟经济发展可以赚钱，但实现不了现代化，所产生的只能是经济泡沫，而不是财富。虚拟经济最大的问题是它本身不生产物质财富。正是基于对实践的认识，习近平总书记指出，振兴实体经济是供给侧结构性改革的主要任务，供给侧结构性改革要向振兴实体经济发力、聚力。实体经济是我国经济发展、我们在国际竞争中赢得主动的根基。这几年来，我国深化供给侧结构性改革正是以习近平新时代中国特色社会主义思想为指导，纠正了把经济发展的着力点放在虚拟经济炒作的市场导向偏差，重新回到振兴实体经济的正确轨道上。

第三，推动经济发展动力变革，提高全要素生产率，着力加快建设科技创新、现代金融、人力资源协同发展的产业体系，把提高供给体系质量作为主攻方向，显著增强我国经济质量优势。加快建设制造强国，加快发展先进制造业，推动互联网、大数据、人工智能和实体经济深度融合，在中高端消费、创新引领、绿色低碳、共享经济、现代供应链、人力资本服务等领域培育新增长点，形成新动能。支持传统产业优化升级，加快发展现代服务业，瞄准国际标准提高水平。促进我国产业迈向全球价值链中高端，培育若干世界级先进制造业集群。改革和建设要为实现上述目标创造现代化经济体系的有力支撑，只有整体的问题解决好了，个别企业才能在这一体系中发挥好各自的作用和功能。为适应新常态下我国经济发展增长速度变化、结构优化、动力转换的特点，我们更需要从现代化经济体系着手加快建设，以适应经济发展的现实情况，这是深化供给侧结构性改革这一主线的客观要求。

3. 实施乡村振兴战略需要建设乡村现代化经济体系的支撑

振兴乡村经济社会发展战略是全面建成小康社会的关键环节。与城市比较，乡村的现代化经济体系建设相对滞后，妨碍现代化经济体系建设的持续有效推进，而解决好"三农"问题这一全党工作的重中之重,也要求把建设现代化经济体系作为重点。坚持农业农村优先发展,加快实现农业农村现代化的目标,涉及乡村改革的一系列问题,建设乡村现代化经济体系面临着繁重的任务,要在以下几方面有所突破。

第一,在巩固和完善农村基本经营制度,深化农村土地制度改革,完善承包地"三权分置"制度方面要有新的进展。在我国,要实现农业现代化的核心问题是大幅度提高农业劳动生产率,这涉及现有土地制度的改革,"三权分置"制度是中国农村土地制度改革的创新,是中国特色社会主义农村土地制度的具体体现。"三权分置"制度以马克思主义理论为指导,以中国的实践为依据,在坚持土地公有制度下创新中国特色社会主义农业现代化道路。"三权分置"改革在土地承包经营权流转实践的基础上,实现了对集体土地产权关系改革的进一步规范和完善,为实现农业规模经营和农业现代化提供了中国特色集体土地产权的理论依据。经过多年的改革实践,党的十九大报告正式提出"三权分置"制度改革,把完善承包地"三权分置"制度改革作为建立现代化经济体系和实现农业现代化的突破口,使这一制度逐步完善,有效推进农业现代化目标的实现。[1]

"三权分置"改革始终坚持农村土地集体所有权的根本地位,农民集体是土地集体所有权的权利主体,严格保护农户承包权是农村基本经营制度的基础,农户对承包土地依法享有占有、使用和收益的权利。农村集体土地由作为本集体经济组织成员的农民家庭承包,不论经营权如何流转,集体土地承包权都属于农户家庭。赋予经营主体更有保障的土地经营权,是完善农村基本经营

---

[1] 习近平:《决胜全面建成小康社会 夺取新时代中国特色社会主义伟大胜利——在中国共产党第十九次全国代表大会上的报告》,人民出版社2017年版,第32页。

制度的关键，依法维护经营主体从事农业生产所需的各项权利，使土地资源得到更有效的利用。

农业生产经营组织创新是推进现代农业建设的核心和基础。农业生产经营主体创新由原来个体农民转换为生产经营组织。以培育新型农业经营主体为落脚点的"三权分置"改革，具体在以下几方面要有实际进展。首先，按照"三权分置"要求重新规范土地产权权能关系。《中华人民共和国物权法》把土地经营权作为一种用益物权，反映了我们对土地经营权权能的认识在不断深化，关键是我们把土地经营权看作一种财产权利，并且其能够进行流转。这是到目前为止对土地经营权明确的法律规范。"三权分置"以后，对于经营权和承包权的区别及其在法律上的界定、操作上的实施，是需要在实践中认真对待的问题。其次，在操作层面上把完善经营者产权权能作为重点。经营者产权权能是新独立的一项权能，是"三权分置"中直接关系生产者的产权权能。由于我国的地域差别大，各地的情况千差万别，需要根据不同具体情况制定可操作性的规范。土地的所有权和承包权与农业的实际生产在一定程度上成为一种间接关系，承包权和经营权也已经分离，承包者不是具体经营者。作为农业生产的经营者应该具有怎样的产权权能，对农业生产就具有关键性作用。在产权权能关系上，既要保证土地所有权、农户承包权的权益，更要强化经营权权能，这是现代产权关系的一般规律，也是建设现代化经济体系要解决的重点问题。最后，在政策层面支持重点要向经营者转移，为推进农地规模经营创造政策条件，对"三农"政策的支持重点应向经营者倾斜。"三权分置"条件下，农民的概念主要不再局限于承包土地的农户，而更多是掌握经营权的专业户。土地规模经营体现了经营主体从个体农民向企业或专业户的转换，土地规模经营需要经营主体能力提高和经营规模扩大，两者共同构成农业现代化生产的实际内容，专业农民成为农业发展的主体。土地承包农户的承包经营权在很大意义上已经成为一种能够进行流转并从中获得财产性收入的权能，给权利的拥有者带来的是财产性收入，而不再是农业生产经营性收入。

第二，构建现代农业产业体系、生产体系、经营体系，完善农业支持保护制度。构建现代农业产业体系，不光是生产的问题，还包括产前、产中、产后等一系列环节，也包括运输、销售、深度加工、产业延伸等，甚至还包括对农产品的改造和产品升级，以及和农产品有关的生产系统，这是一个大农业的概念，另外，现代农业旅游、农业文化、农业教育等产业也是包括在内的。

第三，发展多种形式适度规模经营，培育新型农业经营主体，健全农业社会化服务体系，实现小农户和现代农业发展有机衔接。农业的适度规模经营是从中国国情出发，遵循农业现代化发展的一般规律，体现中国特点的现代化发展道路，"三权分置"土地制度改革为适度规模经营提供了土地条件。培育新型农业经营主体是从新型生产者的角度打造大规模生产的现代化生产主体。土地适度规模经营和现代化生产主体的结合就为农业现代化生产提供了主客观条件，是我国现代农业的主流生产形式，通过小农户和现代农业发展的有机衔接，使中国广阔的乡村都能够融入现代化经济体系。

（二）把经济健康发展纳入建设现代化经济体系的轨道

以前我们比较习惯于从个体、企业、部门、产业等领域考虑改革和建设，如国有企业改革、农业改革、价格改革、金融改革、经济体制改革等，这种从微观、局部的角度思考问题，解决的至多也是微观、局部的问题，现在把着眼点转向体系建设意味着我们对问题的认识得到了进一步的深化和提升。现代化经济体系的内涵是与社会主义市场经济的发展要求相适应,使市场在资源配置中起决定性作用,又更好发挥政府作用,着力构建市场机制有效、微观主体有活力、宏观调控有度的现代经济体系,不断增强我国经济创新力和竞争力。这一现代化经济体系具有如下特点:

1. 把经济发展纳入现代化经济体系的宏观框架,使改革和建设更具有整体性

党的十九大提出建设现代化经济体系体现了整体思路上的转变。例如,把解决好"三农"问题,坚持农业农村优先发展,建立健全城乡融合发展体制机制和政策体系,加快推进农业农村现代化,促进农村一二三产业融合发展,支持和鼓励农民就业创业,拓宽增收渠道等乡村发展的各个方面都作为建设现代化经济体系的内容,这就比对各个问题的分散论述更能够从整体上把握好。乡村经济是国民经济的基础,是让中国人民把饭碗牢牢端在自己手中的基础工程,也是现代化经济体系要解决的重点问题。这涉及的不仅仅是经济问题,还包括一系列的制度建设如产权建设、农业经营制度建设、农村基层组织建设等基础工作,健全自治、法治、德治相结合的乡村治理体系建设、国家粮食安全建设、政治建设等内容,上述这些都是现代化经济体系建设所涵盖的内容,充分体现了现代化经济体系的整体性、系统性,以及观念的改变、思考问题的着眼点的改变和话语体系的改变。

2. 实施区域协调发展战略和推动形成全面开放新格局需要现代化经济体系的支撑

建设现代化经济体系是关系全局协调发展和全面开放新格局发展的大格局。无论是贫困地区加快发展,推进西部大开发形成新格局,深化改革加快东北老工业基地振兴,发挥优势推动中部地区崛起,创新引领率先实现东部地区优化发展,建立更加有效的区域协调发展新机制,还是以"一带一路"建设为重点,坚持

"引进来"和"走出去"并重,加强创新与开放合作,形成陆海内外联动、东西双向互济的开放格局;拓展对外贸易,培育贸易新业态新模式,推进贸易强国建设,实行高水平的贸易和投资自由化便利化政策,全面实行准入前国民待遇加负面清单管理制度,大幅度放宽市场准入,扩大服务业对外开放,保护外商投资合法权益;优化区域开放布局,赋予自由贸易试验区更大改革自主权,探索建设自由贸易港;创新对外投资方式,促进国际产能合作,加快培育国际经济合作和竞争新优势;等等。这些经济发展的宏观规划,同时也是现代化经济体系本身的构成内容。从经济发展的全局考虑现代化经济体系是一项基础性的建设,这充分体现了现代化经济体系的全局性、综合性的特点。

3. 把加快完善社会主义市场经济体制作为建设现代化经济体系的基本依据

完善社会主义市场经济体制和建设现代化经济体系是同向同行的整体工程。这一体系的建设更有利于完善产权制度和要素市场化配置的改革,实现产权有效激励、要素自由流动、价格反应灵活、竞争公平有序、企业优胜劣汰。推动国有资本做强做优做大,深化国有企业改革,发展混合所有制经济,建立统一市场并健全公平竞争的各种规定以支持民营企业发展,加快要素价格市场化改革,放宽服务业准入限制,完善市场监管体制。创新和完善宏观调控,发挥国家发展规划的战略导向作用,完善促进消费的体制机制,发挥投资对优化供给结构的关键性作用;深化税收制度改革,健全地方税体系;深化金融体制改革,增强金融服务实体经济能力,提高直接融资比重,健全货币政策和宏观审慎政策双支柱调控框架,深化利率和汇率市场化改革;健全金融监管体系,守住不发生系统性金融风险的底线,这是从构建政府监管和防范风险的角度来完善现代化经济体系。现代化经济体系的建设要求既坚持使市场对资源配置发挥决定性作用，又使政府更好发挥作用，把市场和政府两方面的优势都发挥好是建设现代化经济体系要把握好的基本要求，以体现社会主义市场经济下现代化经济体系的特征。通过完善市场对资源配置起决定性作用、更好发挥政府作用的社会主义市场经济体制，把建设现代化经济体系中的市场、政府、微观、宏观各要素都融入现代化的经济体系之中。

（三）构建微观有活力、宏观有序、市场有效、政府有度的运行机制，这是建设现代化经济体系的基本保障

市场对资源配置起决定性作用和更好发挥政府作用是社会主义市场经济体制运行的两大要素，中国特色社会主义市场经济是现代市场经济，它的运行要有具体的现代化经济体系来支撑，这一体系也是实现从体制到经济发展的中间环节。经济发展的现实要求现代化经济体系进行适应性改革来符合经济发展的实际需要，以"三去一降一补"为重点，以市场化、法治化手段优化存量资源配置、减少无效和低端供给、淘汰僵尸企业、促进资源合理有效配置，扩大优质增量供给，推动产业发展迈向全球经济的中高端。

建设现代化经济体系需要以加快建设创新型国家为战略支撑，抓住新一轮科技革命和产业革命的机遇，以经济建设和人民对美好生活的追求目标为落脚点，着力补齐现代化经济体系的短板，使创新引领发展在现代化经济体系的建设中得到落实。

建设现代化经济体系是与促进现代化治理体系和治理能力相一致的，提高现代化治理能力要通过建设现代化经济体系来实现，我们要从这一高度来理解和认识建设现代化经济体系的创新意义，更好把握党的十九大提出这一概念的内涵。现代化经济体系的建设改变了原来我们对经济改革的部门性分别论述,而是把经济发展纳入现代化经济体系的宏观框架,使改革更具有整体性。这是对改革的深化认识,更好地体现了新理念的引领,理念创新是关键,以建设现代化经济体系为目标,不断增强我国经济创新力和竞争力。这是从实践层次上提出的创新举措,体现了十九大提出这一新概念的实践性创新意义。

建设现代化经济体系是我们党在中国特色社会主义进入新时代提出的理论和实践的共同目标。从理论上说,中国特色社会主义市场经济理论已经提出20多年,并在实践中不断丰富和完善,特别是其中关于使市场在资源配置中起决定性作用和更好发挥政府作用的论述,为建设现代化经济体系奠定了理论基础和基本方向。从实践上讲,我国发展社会主义市场经济也有20多年的经验积累,建立社会主义市场经济体制也有十几年的时间,并在发展中不断完善。现在我们进入建设现代化经济体系的阶段,在已有实践的基础上坚定不移走社会主义市场经济发展道路是实现社会主义现代化、创造人民美好生活的必由之路。党的十八大以来,在以习近平同志为核心的党中央坚强领导下,我国经济社会发展的伟大成就构成了新时代建设现代化经济体系的理论逻辑和实践逻辑,也为下阶段建设现代化经济体系奠定了重要的基础。

总之,我们要把握经济改革的整体性,构建理念、政策、措施、宏观、微观、部门、开放的大思路,而不是以局部的、分散的、碎片化的思路来考虑问题,实现思考角度的转换。要牢牢把握经济发展的大逻辑,抓住供给侧结构性改革这一主线,通过建设现代化经济体系全面提升经济发展的现代化层次,进一步解放和发展社会生产力,努力实现更高质量、更有效率、更加公平、更可持续的经济发展。

11 如何认识我国经济已由高速增长阶段转向高质量发展阶段？

高建昆 复旦大学马克思主义学院副教授

一 疑难问题

理解和认识我国经济发展的阶段性特征，是科学把握习近平新时代中国特色社会主义经济思想的基础。我国经济已由高速增长阶段转向高质量发展阶段，是党的十九大提出的重要战略判断。只有了解我国经济发展取得的重大成就，认识转向高质量发展的必然性和重要性，才能全面理解这一战略判断，准确把握习近平新时代中国特色社会主义经济思想的科学内涵。

在教学过程中，全面理解我国经济发展的阶段性特征是一个难点。我国经济发展涉及产业结构、对外经济、经济发展动力、基础设施建设、人民生活、科教文卫等多个方面。逐一分析这些重要方面的阶段性变化，并从经济社会发展全局阐释这些变化的实质及其对我国经济转向高质量发展的意义，对于教师来讲则是一个无法回避的挑战。

二 教学解析

教师在讲解如何认识我国经济已由高速增长阶段转向高质量发展阶段问题时,首先要对学生讲清楚我国经济高速增长取得的重大成就。在此基础上,再从转变经济发展方式、优化经济结构、转换增长动力等方面向学生深入解读我国经济转向高质量发展的必然性和重要性。

(一)我国经济高速增长取得的重大成就

改革开放40多年来,我国经济虽然经历了一定的波动,但总体上保持了高速增长态势,从而"创造了第二次世界大战结束后一个国家经济高速增长持续时间最长的奇迹"[1]。按不变价格计算,2016年我国国内生产总值是1978年的32.306倍,而2016年国民总收入是1978年的32.176倍。[2] 尽管我国人口从1978年的9.6259亿增加至2017年的13.9008亿[3],2016年人均国内生产总值是1978年的22.402倍。1979—2016年我国国民总收入年均增长9.6%。这些数据表明,40多年来我国经济增长速度确实是世界历史上经济持续高速增长的奇迹。

在对外贸易方面,货物贸易和服务贸易规模取得了巨幅上升。在货物贸易方面,出口总额从1978年的167.6亿元上升至2017年

---

[1]《习近平谈治国理政》第2卷,外文出版社2017年版,第247页。

[2] 本文如无特别说明,2016年及以前年份数据均来自国家统计局:《中国统计年鉴2017》,国家统计局网站,http://www.stats.gov.cn/tjsj/ndsj/2017/indexch.htm,2018年7月1日。

[3] 本文如无特别说明,2017年数据均来自国家统计局:《中华人民共和国2017年国民经济和社会发展统计公报》,国家统计局网站,http://www.stats.gov.cn/tjsj/zxfb/201802/t20180228_1585631.html,2018年7月1日。

的153 321亿元；进口总额从1978年的187.4亿元上升至2017年的124 602亿元。在服务贸易方面，出口总额从1982年的26亿美元上升至2016年的2 083亿美元；进口总额从1982年的19亿美元上升至2016年的4 492亿美元。

在产业结构方面，三大产业之间的比例关系逐渐优化。在产值方面，第一产业产值占GDP的百分比由1978年的27.7%逐渐转变为2017年的7.9%；第二产业产值占GDP的百分比由1978年的47.7%逐渐转变为2017年的40.5%；第三产业产值占GDP的百分比由1978年的24.6%逐渐转变为2017年的51.6%。在就业方面，第一产业就业人数占就业总人数百分比由1978年的70.5%降为2016年的27.7%；第二产业就业人数占就业总人数的百分比由1978年的17.3%降至2016年的28.8%；第三产业就业人数占就业总人数的百分比由1978年的12.2%升至2016年的43.5%。

在基础设施建设方面，主要规模指标取得了巨大进步。在交通运输方面，铁路网密度由1978年的53.9公里/万平方公里上升至2016年的129.2公里/万平方公里。公路网密度由1978年的927公里/万平方公里上升至2016年的4 892公里/万平方公里。在邮电通信方面，电话普及率（含移动电话）从1978年的0.4%上升至2016年的110.5%。移动电话普及率从2000年的6.7%上升至2017年的102.5%。

在人民生活方面，主要生活质量指标取得了巨大进步。人口平均预期寿命从1980年的67.77岁上升至2015年的76.34岁。其中，男性平均预期寿命从1980年的66.28岁上升至2015年的73.64岁；女性平均预期寿命从1980年的69.27岁上升至2015年的79.43岁。农村贫困发生率（2010年标准）从1978年的97.5%下降至2000年的49.8%，进而降至2017年的3.1%。在居民消费方面，城乡居民消费一直保持较高增长速度。2016年全体居民消费水平是1978年的18.161倍。其中，2016年城镇居民消费水平是1978年的10.609倍；2016年农村居民消费水平是1978年的12.549倍。

在科教文卫方面，主要规模指标和主要质量指标都取得了巨大进步。在科技方面，研究与试验发展经费内部支出与国内生产总值之比由2000年的0.89%上升至2017年的2.12%。在文化方面，广播人口覆盖率从1994年的77.4%上升至2017年的98.7%；电视人口覆盖率从1994年的83.3%[1]上升至2017年的99.1%。1978年生产艺术影片46部[2]；2017年生产故事影片798部，科教、纪录、动画和特种影片172部。图书出版种类从1978年的14 987种上升至2016年的499 884种；期刊种类从1978年的930种上升至2016年的10 084种。尤其是党的十八大以来，马克思主义在意识形态领域的指导地位更加鲜明，社会主义核心价值观和中华优秀传统文化广泛弘扬，文化事业文化产业持续健康发展，文艺创作日益繁荣。[3]

在教育方面，小学学龄儿童净入学率从1978年的95.5%上升至2016年的99.9%；小学升学率从1978年的87.7%上升至2016年的98.7%；初中升学率从1978年的40.9%上升至2016年的93.7%；高中升学率从2000年的73.2%上升至2016年的94.5%。在卫生方面，每万人口执业（助理）医师数从1978年

---

[1] 1994年的广播和电视人口覆盖率数据来自国家统计局网站《中华人民共和国国家统计局关于1994年国民经济和社会发展的统计公报》，网址：http://www.stats.gov.cn/tjsj/tjgb/ndtjgb/qgndtjgb/200203/t20020331_30008.html。

[2] 数据来自国家统计局网站《中华人民共和国国家统计局关于1978年国民经济和社会发展的统计公报》，网址：http://www.stats.gov.cn/tjsj/tjgb/ndtjgb/qgndtjgb/200203/t20020331_29991.html。

[3] 郝书翠：《让中国特色社会主义文化在当代世界文化百花园里吐蕊争芳》，《马克思主义文化研究》2018年第1期。

的 10.8 人上升至 2016 年的 23.1 人；医疗机构病床使用率从 2000 年的 60.8%上升至 2015 年的 85.4%和 2016 年的 85.3%。

以上数据表明，改革开放 40 多年来我国经济的高速度增长，为我国经济实力的提高和人民生活的改善奠定了较为坚实的物质基础。

（二）我国经济转向高质量发展的必然性和重要性

我国经济在高速度增长阶段取得巨大成就的同时，也遇到了新情况和新问题。这些新情况和新问题形成了我国经济高速度增长的限制性条件，使整个国民经济必然要转变发展方式、优化经济结构、转换增长动力，以实现高质量发展。

1. 转变经济发展方式的必然性与重要性

我国经济高速度增长阶段形成的限制性条件，使我国经济发展方式必然从规模速度型粗放增长转向质量效率型集约增长。

在高速度增长阶段，我国经济发展方式主要是规模速度型粗放增长。在这种经济发展方式下，经济增长的主要实现方式是简单劳动密集型产业的粗放型扩张。而简单劳动密集型产业的产品在当代全球价值链和产业链中处于中低端。从长期看，这种经济增长方式是不可持续的。

首先，在这种经济增长方式下，劳动力成本较低的状态是不可持续的。规模速度型粗放增长的实质是以价格竞争为基础的数量扩张。在这种经济增长方式下，我国经济的主要竞争优势来自劳动力成本较低而形成的较低商品价格。一方面，长期的劳动力低成本必然削弱社会的有效购买能力，从而在产业链的中低端环节形成局限性乃至全局性的过剩生产能力。例如，2009 年城镇私营企业和个体就业人员已达 9 788.9 万。而同期城镇私营单位就业人员年平均工资只有 18 199 元，即平均每天工资收入只有 49.9

元，月工资收入只有 1 516.6 元。[1] 这些人员低水平的工资收入直接限制了其消费能力与购买需求。另一方面，随着劳动力成本的逐渐提升，我国经济将面临外国投资转向劳动力成本更低国家的风险。

其次，在这种经济增长方式下，能源、资源和生态的满载或超载状态是不可持续的。在价值层面，在规模速度型粗放增长方式下，由于中低端产品的较低附加值导致产品利润空间狭小，获取较高利润的主要方式是简单劳动密集型中低端产业的粗放型扩张。在使用价值层面，这种增长方式必然带来利用效率较低条件下能源资源的巨大消耗，以及生态环境的严重恶化。在能源方面，我国能源消费总量从 1990 年的 9.870 3 亿吨标准煤增加至 2017 年的 44.9 亿吨标准煤。而能源进口量从 1990 年的 1 310 万吨标准煤（占能源消费总量的 13.3%）增加至 2016 年的 89 730 万吨标准煤（占能源消费总量的 20.6%）。在资源环境方面，我国废水排放总量从 2004 年的 4 824 094 万吨逐渐上升至 2015 年的 7 353 226.83 万吨，随后微降至 2016 年的 7 110 953.88 万吨。废气中主要污染物二氧化硫排放量在 2004 年高达 22 549 000 吨，此后虽然逐渐下降，但在 2013 年前始终处于 20 439 000 吨的高水平。2016 年这一指标数值降至 11 028 643.04 吨。但在局部地区，空气质量仍然长期处于较差水平。在环保重点城市中，2016 年空气质量达到及好于二级的天数在 200 天以下的城市仍然较多。其中，指标值最低的保定市仅为 155 天。在监测的 338 个地级及以上城市中，2017 年 70.7% 的城市空气质量未达标。上述数据表明，经过多年的规模速度型粗放增长，我国经济发展对能源、资源和生态

---

[1] 国家统计局：《中国统计年鉴 2010》，国家统计局网站，网址：http://www.stats.gov.cn/tjsj/ndsj/2010/indexch.htm。

的影响已经达到或接近自然承载能力的上限。

我国经济高速度增长阶段规模速度型粗放增长的各种弊端，促使经济发展方式必然转向质量效率型集约增长。

2. 优化经济结构的必然性与重要性

我国经济高速度增长阶段形成的限制性条件，使我国经济结构必然从增量扩能为主转向调整存量、做优增量并存的深度调整。

在产业结构方面，规模速度型粗放增长形成的不合理产业结构亟待优化。一方面，个别高利润产业的长期低水平重复扩张形成了较为严重的过剩生产能力。这些过剩的生产能力，由于无法适应逐渐升级的消费结构，导致产业链上的相关产品滞销，相关企业也因此效益下滑、亏损甚至破产。另一方面，基础设施的互联互通、环保产业、基础性支柱产业以及其他一些战略性新兴产业，由于资金回收周期长、短期利润率低、投资风险大等原因而出现投资不足的状况。

在需求结构方面，经济增长严重依赖外需的状态亟待改变。在2008年西方金融和经济危机爆发以前，我国经济增长在很大程度上依赖外需。2004—2008年，货物和服务净出口对国内生产总值增长贡献率一直处于较高水平。2005年这一指标值高达22.2%。西方金融和经济危机爆发以后，由于世界上其他主要经济体经济持续低迷，国外需求拉动我国经济增长的能力大大降低。除了2012年、2014年和2017年以外，2009—2016年货物和服务净出口对我国国内生产总值增长贡献率均为负值。

在收入分配结构方面，收入差距较大的状态亟待改善。在城乡收入差距上，城乡收入比（农村居民收入为1）一直处于较高状态。1978年、2000年、2015年、2016年和2017年的城乡收入比分别为2.57、2.79、2.73、2.72和2.71。在总体贫富差距上，2015年和2016年的基尼系数分别为0.462和0.465。而收入差距直接造成居民消费水平的差距。城乡消费水平对比（农村居民 = 1）从 1978 年的 2.9 逐渐上升至 2000 年的 3.7，随后逐渐降至 2016 年的 2.7 和 2017 年的 2.23。但这一比例仍然较高。

在城乡区域结构方面，城乡区域经济不平衡问题亟待改善。从城乡区域经济发展水平看，我国区域间居民消费水平仍存在较大差异。数据显示，2016 年上海和北京的居民消费水平分别达到 49 617 元和 48 883 元，排在全国前两位。其中，上海城镇居民消费水平为 53 240 元，农村居民消费水平为 23 660 元；北京城镇居民消费水平为 52 721 元，农村居民消费水平为 24 285 元。而甘肃和西藏的居民消费水平分别为 13 086 元和 9 743 元，排在全国最后两位。其中，甘肃城镇居民消费水平为 21 128 元，农村居民消费水平为 6 781 元；西藏城镇居民消费水平为 18 775 元，农村居民消费水平为 5 952 元。

3. 转换增长动力的必然性与重要性

我国经济高速度增长阶段形成的限制性条件，使我国经济发展动力必然由要素驱动、投资驱动等传统增长点，转向以创新驱动为代表的新增长点。

在经济高速度增长阶段，要素驱动、投资驱动等传统经济驱动力的劣势逐步显现。在规模速度型粗放增长下，要素驱动的实质是由劳动力低成本形成的商品价格竞争优势；投资驱动的实质是个别高利润产业的低水平重复扩张。首先，随着规模速度型粗放增长的推进，要素驱动经济增长的动力逐渐减弱。城镇私营企业和个体就业人员从 2009 年的 9 788.9 万人迅速增加至 2016 年的 20 710.4 万人。而同期城镇私营单位就业人员平均工资从 2009 年的 18 199 元增加至 2016 年的 42 833 元。劳动力成本的上升，必然导致简单价格竞争的利润空间缩小甚至消失。其次，在规模速度型粗放增长下，投资驱动经济增长的动力则必然由于过剩生产能力的形成而逐渐减弱。

在经济高速度增长阶段，创新驱动经济增长的必然性与重要性日益凸显。首先，技术创新状况直接影响产业和企业的商业利润。在当代全球化竞争中，以重要领域的核心技术创新为基础的知识产权垄断是国际垄断利润的重要来源。在规模速度型粗放增长下，我国很多产业的产品在当代全球价值链和产业链中处于中低端。由于技术创新能力不足，这些产业的产品难以形成具有较强竞争力与较大影响力的自主品牌。这直接限制了产品的附加值和利润空间。其次，重要领域的核心技术创新状况直接影响国家安全。"核心技术是国之重器"[1]。例如，对芯片核心技术的把握与否直接关系到国家信息安全的制高点和主动权。目前，我国在智能手机芯片等一系列关键核心技术领域尚未取得实质性突破，而在美国等发达国家贸易保护主义和技术封锁不断加重的条件下，这势必使相关产业安全和国家总体安全受到较大挑战。

总之，我国经济在高速度增长阶段逐渐出现的新情况和新问题，必然要促使我国经济转变发展方式、优化经济结构和转换增长动力，以提质增效为中心，通过加速建设现代化经济体系来转向和实现高质量发展。

---

[1] 习近平：《在网络安全和信息化工作座谈会上的讲话》，人民出版社 2016 年版，第 12 页。

12 如何理解社会主义市场经济中的政府与市场的关系?

张新宁 复旦大学马克思主义学院研究员

一 疑难问题

经济体制改革是全面深化改革的重点，核心问题是处理好政府与市场的关系，使市场在资源配置中起决定性作用和更好发挥政府作用。使市场在资源配置中起决定性作用和更好发挥政府作用，是党的十八大以来我们党对社会主义市场经济规律认识的一个新突破，是习近平新时代中国特色社会主义经济思想的重要内容，对于在新时代推进全面深化改革、全面建设社会主义现代化强国具有重大意义。政府与市场关系是习近平新时代中国特色社会主义经济思想的关键构成，是新时代中国特色社会主义经济建设的重要内容。

社会主义市场经济条件下为什么要让市场在资源配置中发挥决定性作用？如何更好发挥政府作用？使市场在资源配置中起决定性作用和更好发挥政府作用，体现了我们对社会主义市场经济规律认识的什么样的新突破？这是教学中的疑难问题，主要难在政府和市场的定位、职能等方面。在讲授中国特色社会主义"五位一体"总体布局中的经济建设部分时，教师要通过讲授政府与市场关系引入经济体制，进而全面讲授社会主义市场经济体制部分。学生通过理解政府与市场关系，掌握社会主义市场经济体制的内涵，如此才能系统掌握中国特色社会主义经济建设的理论内涵和战略布局。

二 教学解析

党的十八大以来，习近平总书记就政府与市场关系问题进行多次阐述，在理论和实践上形成了习近平总书记关于政府与市场关系的重要论述，这是对政府与市场关系理论的传承、发展和创新，是习近平新时代中国特色社会主义经济思想的重要组成部分，是中国特色社会主义理论体系的重要成果，是指导我国经济体制改革乃至全面深化改革的行动指南，标志着我们党对中国特色社会主义建设规律认识的一个新突破，丰富了中国特色社会主义政治经济学，使中国特色社会主义市场经济发展进入了一个新的阶段。那么，处理好政府与市场关系为什么是经济体制改革的核心问题？习近平总书记在政府与市场关系问题上有什么思想创新？我们在新时代应该如何处理好政府与市场关系？这需要从理论与实践的结合上作出针对性的回答。

（一）处理好政府和市场关系是经济体制改革的核心问题

新中国成立以来，党和国家的历代领导集体对政府与市场关系作了艰辛的探索，经历了从限制、取消市场到利用、发展市场的反反复复的演变过程，大体可分四个阶段：一是政府实施高度集中的计划经济体制、市场遭到取消和限制阶段（1949—1978年）；二是政府实施有计划的商品经济体制、市场发挥辅助作用阶段（1978—1992年）；三是在社会主义市场经济体制中"使市场在国家宏观调控下对资源配置起基础性作用"阶段（1992—2013年）；四是在社会主义市场经济体制中"使市场在资源配置中起决定性作用和更好发挥政府作用"阶段（2013年至今）。在政府与市场关系的历史演进中，我国既坚持了问题意识和问题导向，又化解了前进中的矛盾；既破解社会主义市场经济体制中束缚市场主体活力、阻碍市场和价值规律充分发挥作用的弊端，又支撑了国民经济又好又快发展，使我国的社会主义市场经济体制不断完善。

历史经验告诉我们，在市场作用和政府作用的问题上，要讲辩证法、两点论，"看不见的手"和"看得见的手"都要用好，使市场在资源配置中起决定性作用和更好发挥政府作用，两者是有机统一的，是经济体制改革的核心问题。

第一，处理好政府与市场关系是发挥社会主义制度优势的根本所在。"市场"和"政府"交互作用、相辅相成，也体现了社会主义制度的优越性。由于采取了"市场"这个配置资源的手段，国有经济的主导作用得以有效发挥，国有经济活力、控制力、影响力不断增强；由于发挥了"政府"的宏观调控作用，国有经济可以规避由于市场自由化产生的诸多弊端，解决所谓市场失灵的一系列问题，尤其是私人资本垄断市场和生态危机问题。

第二，处理好政府与市场关系是深化经济体制改革的应有之义。新中国成立以来，我国先后经历了计划经济体制和社会主义市场经济体制阶段。不论在哪一个阶段，既不能单纯强调计划的作用而忽视市场的作用，也不能单纯强调市场的作用而忽视计划的作用。从党的十四大直到党的十八届三中全会，我国虽然将市场与计划的关系调整为市场与政府的关系，但都没有否定国家计划、国家规划的作用，都着重强调了发挥宏观调控的作用。因此，"市场"和"政府"交互作用、相辅相成是社会主义市场经济的应有之义。

第三，处理好政府与市场关系是保障经济健康运行的必要手段。在社会主义市场经济中，市场在资源配置中发挥决定性作用，表明市场这只"看不见的手"是配置资源的基本机制；政府对资源配置发挥宏观调控职能，表明政府这只"看得见的手"具有把握方向和纠偏的职能，"两只手"各司其职、交互作用。这样既追求资源配置的效率，又兼顾社会主义公平和共同富裕。

（二）习近平总书记在政府与市场关系问题上的理论创新

党的十八大以来，习近平总书记在治国理政的实践中高度重视政府与市场关系，要求坚持在实践中深化学习、在学习中深化实践，不断研究新问题、总结新经验，学会正确运用"看不见的手"和"看得见的手"，成为善于驾驭政府与市场关系的行家里手。我国在重点领域和关键行业实施的一系列深化改革措施，实现了"两只手"优势互补、协同发力，充分体现和发挥了我国社会主义市场经济体制的特色和优势，激发了政府和市场的活力。

1. 发挥市场在资源配置中的决定性作用

第一，重新定位市场的作用，进一步发挥市场的效率。市场决定资源配置是市场经济的一般规律，健全社会主义市场经济体制必须遵循这条规律。习近平总书记指出："党的十八届三中全会将市场在资源配置中起基础性作用修改为起决定性作用，虽然只有两字之差，但对市场作用是一个全新的定位，'决定性作用'和'基础性作用'这两个定位是前后衔接、继承发展的。"[1] 这个全新定位，透彻表达了市场经济运行规则的真谛，使价值规律的作

---

[1] 习近平：《关于〈中共中央关于全面深化改革若干重大问题的决定〉的说明》，《人民日报》2013年11月16日。

用在社会主义市场经济体制下得以充分发挥，激发了市场的活力，发挥了市场的效率，"有利于在全党全社会树立关于政府和市场关系的正确观念，有利于转变经济发展方式，有利于转变政府职能，有利于抑制消极腐败现象"[1]。

第二，建立统一开放、竞争有序的市场体系，进一步理顺市场秩序。对于我国社会主义市场经济发展中存在的束缚市场主体活力、阻碍市场和价值规律充分发挥作用的种种弊端，以习近平同志为核心的党中央强调坚持问题导向，从广度和深度上推进市场化改革。习近平总书记强调："加快建设统一开放、竞争有序的市场体系，建立公平开放透明的市场规则，把市场机制能有效调节的经济活动交给市场，把政府不该管的事交给市场，让市场在所有能够发挥作用的领域都充分发挥作用，推动资源配置实现效益最大化和效率最优化，让企业和个人有更多活力和更大空间去发展经济、创造财富。"[2] 这就进一步理顺了市场的秩序，抓住了解放束缚市场主体活力的关键。

第三，用好"两种资源"促进"两个市场"的协调发展，进一步扩大市场的范畴。改革开放是当代中国发展进步的活力之源，是决定当代中国命运的关键一招。处理好政府与市场的关系，必须站在世界看中国，跳出国内谋发展，充分利用好国内国外两种资源、两个市场。习近平总书记指出："我们观察和规划改革发展，必须统筹考虑和综合运用国际国内两个市场、国际国内两种资源、国际国内两类规则。"[3] "要坚持对外开放基本国策，善于

---

[1] 习近平：《关于〈中共中央关于全面深化改革若干重大问题的决定〉的说明》，《人民日报》2013年11月16日。

[2] 习近平：《正确发挥市场作用和政府作用推动经济社会持续健康发展》，《人民日报》2014年5月28日。

[3]《中央外事工作会议在京举行》，《人民日报》2014年11月30日。

统筹国内国际两个大局，利用好国际国内两个市场、两种资源，发展更高层次的开放型经济。"[1] 当今世界，各国经济互相渗透，高度融合，我们必须站在世界看中国，跳出国内谋发展，充分利用好国内国外两种资源、两个市场，用好"两种资源"促进"两个市场"的协调发展，进一步扩大市场的范畴。

2. 更好地发挥政府的作用

第一，健全宏观调控体系，进一步增强政府的功能。科学的宏观调控，有效的政府治理，是发挥社会主义市场经济体制优势的内在要求。习近平总书记多次强调，在经济新常态下，要统筹稳增长、促改革、调结构、惠民生、防风险，加强和创新宏观调控，促进经济增长保持中高速水平。在宏观经济政策方面，要坚持稳中求进工作总基调，适度扩大总需求，继续实施积极的财政政策和稳健的货币政策，为经济结构性改革营造稳定的宏观经济环境，用稳定的宏观经济政策稳定社会预期，用重大改革举措落地增强发展信心。在创新宏观调控方式方面，中央提出加强区间调控、定向调控、相机调控，为经济发展和结构性改革营造稳定环境。"区间+定向+相机"的宏观调控方式是对宏观调控理论的重大创新。其中，区间调控的实施有助于使我国经济增长处在合理区间，避免宏观调控对经济的过度干预；定向调控的实施有助于我们抓住重点领域和关键环节精准发力、定向施策，从而保持稳增长与调结构之间的平衡，推动经济发展动力加快转换；相机调控的实施有利于我国在宏观经济政策领域适时适度预调微调，从而快速应对经济变化、市场波动。宏观调控政策的创新，将引导我国经济走上一条稳增长、调结构、控风险的"多赢"之路。

---

[1] 习近平：《正确发挥市场作用和政府作用推动经济社会持续健康发展》，《人民日报》2014年5月28日。

第二,全面正确履行政府职能,进一步突出政府的权责。更好地发挥政府的作用,关键是转变政府职能,该放给市场和社会的权一定要放足、放到位,该政府管的事一定要管好、管到位。习近平总书记强调:"转变政府职能是深化行政体制改革的核心,实质上要解决的是政府应该做什么、不应该做什么,重点是政府、市场、社会的关系,即哪些事应该由市场、社会、政府各自分担,哪些事应该由三者共同承担。"[1] 转变政府职能,关键是要明确往哪里转、怎么转。党的十八大确定转变政府职能的总方向是创造良好发展环境、提供优质公共服务、维护社会公平正义。习近平总书记要求:"要按照这个总方向,科学界定政府职能范围,优化各级政府组织结构,理顺部门职责分工,突出强化责任,确保权责一致。"[2] 同时,"加大政府职能转变力度,既积极主动放掉该放的权,又认真负责管好该管的事,从'越位点'退出,把'缺位点'补上。"[3]

第三,优化政府组织结构,进一步创新政府体制。习近平总书记指出:"推进机构改革和职能转变,要处理好大和小、收和放、政府和社会、管理和服务的关系。"[4] 党的十八大以来,我国以创新体制机制为核心,推进政事分开,持续推进简政放权、放管结合、优化服务,完善职能配置、优化组织结构、规范政府运行、提高行政效能,激发市场活力和社会创造力。习近平总书记强调:"要深化行政审批制度改革,推进简政放权,深化权力清单、责任清单管理,同时要强化事中事后监管。"[5] 习近平总书

---

[1]《习近平关于全面深化改革论述摘编》,中央文献出版社2014年版,第75页。
[2] 同上。
[3] 同上书,第76页。
[4] 同上。
[5] 习近平:《保持锐意创新勇气 蓬勃向上朝气 加强深化改革开放措施系统集成》,《人民日报》2016年3月6日。

记进一步要求,要按照简政放权、放管结合、优化服务、转变政府职能的要求,以清单形式列明试点部门行政权责及其依据、行使主体、运行流程等,推进行政权责依法公开,强化行政权力监督和制约,加快形成边界清晰、分工合理、权责一致、运转高效、依法保障的政府职能体系。

(三)新时代以政府与市场关系为主线深化经济体制改革的着力点

回顾新中国成立以来政府与市场关系的历史演进历程,理顺政府与市场关系的理论逻辑,使我们在新时代能够处理好政府与市场关系。具体说来,可考虑以下几个方面。

第一,要在政府与市场关系上讲"两点论"和辩证法,不可偏废一方。在两种资源配置方式中,市场具有信息示导性、运营灵活性、价值刺激性、收入差别性等优越性,但同时具有运行盲目性、利益本位性等缺陷;而政府具有宏观规划性、总体平衡性、分配公平性、"外部经济"治理性等优越性,但同时具有主观偏差性、强制划一性等缺陷。[1] 在社会主义市场经济运行机制中,要着力形成"看不见的手"和"看得见的手"有机统一、相互补充、相互协调、相互促进的格局,一方面要谋取政府与市场的优越性相结合的正效应,另一方面要设法制约政府与市场的缺陷诱发的负效应,实现优越性的组合与互补。从历史经验看,我国在"大跃进"和"人民公社"运动中,消灭商品、货币市场,尤其是人民公社中搞"共产风""一平二调",使我国的国民经济遭到严重破坏。毛泽东在察觉到"大跃进"运动、"人民公社化"运动中的"左"倾错误后,在1958年11月第一次郑州会议、1959年2月第

---

[1] 施镇平:《资源配置与市场机制》,立信会计出版社2000年版,第22—28页。

二次郑州会议、1959年7月庐山政治局扩大会议上多次提出要纠正废除商品和货币的错误理论和观点，反思价值规律的作用。改革开放以来，我国在政府与市场关系上有了清醒的认识，随着实践的发展不断调整政府功能和市场功能，充分释放政府的活力和市场的活力，使我国经济发展一直保持较高的增长水平。

第二，要在"放管服"改革中处理好"放"与"管"的关系，不可一"放"了之。新自由主义学者一贯主张市场化、自由化、私有化，在政府与市场关系上主张"小政府"和"大市场"，认为市场是唯一的最有效的配置资源的方式，政府应回到"守夜人"的角色。事实上，即使在自由竞争资本主义时期，一些资本主义国家的政府也曾实行过关税和贸易保护政策。近年来，资本主义国家的政府作用体现在制定市场规则、维护市场秩序及资本主义生产全过程等宏观和微观的各个方面。资本主义国家政府对经济的干预远远超出了所谓市场经济中"守夜人""裁判员"的角色，而成为推动资本主义经济发展的重要力量。[1] 进入新世纪以来，以市场化、自由化、私有化为核心的新自由主义思潮在我国泛滥开来。这种思潮一味强调发挥市场的决定性作用，摒弃社会主义的内在计划性，宣扬市场万能论，散布国企低效论等。这对我国的社会主义基本经济制度造成了一定的冲击，导致市场秩序紊乱，两极分化趋势扩大。一些地方和一些领域按照新自由主义的药方进行改革，扰乱了市场秩序，给我国国民经济的健康发展埋下了隐患。事实证明，处理好"放"与"管"的关系，不可一"放"了之。"放"要有度，该放的坚决放，政府不可"越位"；不该放的要坚决守住，政府不可"缺位"。"管"要有方，该管的地方要

---

[1] 本书编写组：《马克思主义政治经济学概论》，人民出版社、高等教育出版社2011年版，第359页。

更好地发挥政府的作用,不该管的地方要充分发挥市场的决定性作用。

第三,要在经济体制改革中完善"强政府、旺市场、壮实体、健金融"架构。从当前到2020年,是我国全面深化改革的关键时期,是全面建成小康社会的决胜阶段。正确处理好政府与市场的关系,要遵循价值规律,使市场在资源配置中起决定性作用和更好发挥政府作用,应当在社会主义市场经济体制中完善"强政府、旺市场、壮实体、健金融"架构[1],政府要以正确的宏观调控引领市场,市场要在资源配置中发挥决定性作用,同时要运用好金融手段,扎扎实实地发展实体经济,让从事实体产业的企业不断升级,尤其是要坚持公有制为主体、多种成分共同发展的基本经济制度。今后几年,我国政府与市场关系的调整,应当围绕使市场在资源配置中起决定性作用和更好发挥政府作用这一指导思想,进一步培育市场主体,完善现代市场体系、宏观调控体系、开放型经济体系和社会保障体系,推进政府职能转变,推动经济更有效率、更加公平、更可持续发展。

---

[1] 杨承训:《完善"强政府、旺市场、壮实体、健金融"架构》,《马克思主义研究》2014年第4期。

⬢13 如何正确理解党与法的关系问题?

王 震 复旦大学马克思主义学院博士研究生

一 疑难问题

习近平总书记在一系列讲话中系统阐述了依法治国与党的领导之间的关系,特别是2015年2月在省部级主要领导干部学习贯彻党的十八届四中全会精神、全面推进依法治国专题研讨班上的讲话中,习近平总书记强调:"党和法的关系是一个根本问题,处理得好,则法治兴、党兴、国家兴;处理得不好,则法治衰、党衰、国家衰。"[1] 全面推进依法治国和党的全面领导的关系问题,在"习近平新时代中国特色社会主义思想概论"课内容体系中处于十分重要的地位。作为"四个全面"战略布局之一的全面依法治国战略,必须在党的全面领导下推进,在教学中厘清两者之间的关系,有利于大学生坚定正确的政治方向。

全面推进依法治国和党的全面领导的关系问题在教学中是一个难点。党政军民学,东西南北中,党是领导一切的。中国共产党是中国特色社会主义事业的坚强领导核心,处在总揽全局、协调各方的地位。"全面推进依法治国总目标是建设中国特色社会主

---

[1]《习近平关于全面依法治国论述摘编》,中央文献出版社2015年版,第33页。

义法治体系、建设社会主义法治国家"[1]。于是，很多人会提出这么一个问题：一方面，中国共产党是领导核心；另一方面，法治强调宪法法律至上，那么党的领导与法治之间到底是什么关系？社会上甚至存在一种错误观点，把党的领导与依法治国对立起来，说党的领导与依法治国难以兼容，甚至相互排斥，抛出"党大还是法大"的疑问。我们在教学中要讲清楚"全面依法治国"的内容，必须讲清楚党与法的关系这个根本性问题，而这恰恰是教师在教学中不能回避的一个难点，也是学生理解全面依法治国的关键问题。

二 教学解析

全面依法治国是坚持和发展中国特色社会主义的本质要求和重要保障，事关我们党执政兴国，事关人民幸福安康，事关党和国家的事业发展。全面推进依法治国必须坚持和加强党的领导。针对有人提出的"党大还是法大"这个"政治陷阱"和"伪命题"，我们不能含糊其辞、语焉不详，要明确予以回答。理解党与法的关系，我们可以从为什么党与法的关系是一个根本问题、为什么说"党大还是法大"是个政治陷阱和伪命题、如何理解十八届四中全会提出的党的领导是社会主义法治最根本的保证、如何加强和完善党对全面推进依法治国的领导等几个方面进行分析和阐释。

（一）党与法的关系问题是一个根本问题

党与法的关系问题是一个根本问题，处理得好坏，关乎党、

---

[1] 习近平：《决胜全面建成小康社会 夺取新时代中国特色社会主义伟大胜利——在中国共产党第十九次全国代表大会上的报告》，人民出版社2017年版，第19页。

国家和法治的兴衰，甚至决定着整个社会主义事业的前途命运。党与法的关系作为一个根本问题，有其固有的历史逻辑、理论逻辑和实践逻辑。

从历史上讲，党与法的关系问题是一个根本问题。新中国成立初期，我们在坚持党的领导的同时，重视加强社会主义法治建设，相继颁布了婚姻法、"五四宪法"等一批重要法律法规，为国民经济的迅速恢复和新生政权的巩固提供了有力的法治保障。但后来我们一度不太重视法制的作用，甚至出现了"文化大革命"期间无法无天的状态，使党的领导也受到严重冲击，党和国家的事业遭到严重挫折。改革开放以来，我们始终坚持党在中国特色社会主义事业中的领导核心地位，同时把依法治国确定为党领导人民治理国家的基本方略，把依法执政确定为党治国理政的基本方式，保证了改革开放和现代化建设这艘航船顺利前行。在新时代，全面建成小康社会进入决胜阶段，改革进入攻坚期和"深水区"。我们怎样完成艰巨繁重的全面深化改革发展稳定的任务？怎样应对严峻复杂的矛盾风险挑战？说到底，一个是要毫不动摇地坚持党的领导，发挥党总揽全局、协调各方的作用；一个是要全面推进依法治国，用法治方式调节社会利益关系、化解各种社会矛盾。从新中国成立到新时代的历程告诉我们，正确处理党的领导和依法治国的关系，是社会主义事业发展的重要保证。

从理论上讲，党与法的关系问题是一个根本问题。党与法的关系是政治和法治关系的集中反映。党是一种政治组织，有着特定的政治主张；法是一种行为规范，体现着国家意志。党取得执政地位后，会把自己的政治主张通过法定程序上升为国家意志，并依靠国家强制力保障实施。所以，每一种法治形态背后都有一套政治理论，每一种法治模式当中都有一种政治逻辑，每一种法治道路底下都有一种政治立场。法治是政治的外在表现，政治是法治的内在依据。政治与法治的关系和国家治理体系和治理能力紧密联系在一起。

从实践上讲，党与法的关系问题也是一个根本问题。中国共产党是中国特色社会主义事业的坚强领导核心。党的领导是做好党和国家各项工作的根本保证，是战胜一切困难和风险的"定海神针"。社会主义法治必须坚持党的领导，党的领导必须依靠社会主义法治。在我国，法是党的主张和人民意愿的统一体现，党领导人民制定宪法法律，党领导人民执行宪法法律，党自身必须在宪法法律范围内活动，这就是党的领导力量的体现。党与法、党的领导与依法治国是高度统一的。只有在党的领导下依法治国、厉行法治，人民当家作主才能充分实现，国家和社会生活法治化才能得到有序推进。在新时代的中国，党与法的关系是全面推进依法治国的核心所在，是一个根本性的问题。要走好中国特色社会主义法治道路，就要始终正确把握好两者的关系，妥善处理两者的关系，确保法治中国建设行稳致远。

（二）"党大还是法大"是个政治陷阱和伪命题

针对国内外一些居心叵测的人企图把党的领导和依法治国割裂开来、对立起来，最终达到否定、取消党的领导的目的，习近平总书记曾坚定地说过，"党大还是法大"是一个政治陷阱，是一个伪命题，对这个问题，我们不能含糊其辞、语焉不详，要明确予以回答。

首先，从理论逻辑讲，党与法的性质不同，不能进行简单的比较。党的本质是政治组织，而法的本质是行为规则，两者的性质截然不同，不存在谁比谁大的问题，党与法之间不能搞简单的比较。但是，之所以有人提出"党大还是法大"的问题，还是有一定原因的。在社会现实生活中，一些党员干部特别是领导干部法治观念不强，决策不讲程序，办事不依法依规，甚至以言代法、以权压法、徇私枉法。这些现象的存在,严重影响了群众对法治的信心,使有些人产生"权比法大""党比法大"的感受。另外,还有一些别有用心者,总是纠缠这个问题不放,热衷于炒作这个命题,其并不是真为了推进中国的法治建设,而是"醉翁之意不在酒",故意把党的领导和依法治国割裂开来、对立起来,宣扬"党、法不能两立",其目的是企图从"法治"问题上打开缺口,达到搞乱人心和否定、取消党的领导的目的。对此,我们必须保持清醒的头脑。

其次,从实践逻辑讲,有人提出"党大还是法大"这个问题实质上针对的是我国的民主问题。首先我们必须搞清楚,我国人民民主与西方所谓的"宪政"本质上是不同的。我国的国体是工人阶级领导的、以工农联盟为基础的人民民主专政的社会主义国家。我国的政体是人民代表大会制度。人民民主专政是我国社会主义制度中最根本的制度,人民民主专政的本质是人民当家作主。在我国,人民民主具有广泛性和真实性。人民民主的广泛性表现在民主主体的广泛性(在我国,包括工人、农民、知识分子和其他社会主义劳动者,拥护社会主义的爱国者,拥护祖国统一的爱国者在内的全体人民都是国家和社会的主人,他们平等享有管理国家和社会事务的权利)和人民享有民主权利的广泛性(我国宪法第二章确认公民享有政治、经济、文化等社会生活各方面的广泛的民主自由权利)。人民民主的真实性表现在人民当家做主的权利有制度、法律和物质的保障,人民能够自己管理国家,也表现在随着经济发展和社会的进步,广大人民的利益得到日益充分的实现。而西方所谓的"宪政",其实就是两个或多个政党依照本国宪法,通过竞争性选举交替上台、轮流执政,其实质还是资产阶级专政。某些西方国家还将自己的民主形式包装为宪政民主,据此指责、攻击与其政治制度存在差异的国家,并试图采取多种方式进行文化渗透和价值输入。建设符合中国特色的社会主义法治体系，不能简单套用"宪政"这一概念。我们讲依宪治国、依宪执政，同西方所谓"宪政"有着本质区别，不是要否定和放弃党的领导，而是要强调党领导人民制定宪法和法律，党领导人民执行宪法和法律，党自身必须在宪法和法律范围内活动。坚持依宪治国、依宪执政，就包括坚持宪法确定的中国共产党领导地位不动摇，坚持宪法确定的人民民主专政的国体和人民代表大会制度的政体不动摇。

最后，从现实看，"权大还是法大"才是一个真命题。我们说不存在"党大还是法大的问题"，是把党作为一个执政整体而言的，是就党的执政地位和领导地位而言的，具体到每个党政组织、每个领导干部，其就必须服从和遵守宪法法律，不能以党自居，不能把坚持党的领导作为个人以言代法、以权压法、徇私枉法的挡箭牌。对各级党政组织、各级领导干部来说，真正要解决的，是"权大还是法大"的问题，这是一个真命题。各级党政组织、各级领导干部手中的权力是党和人民赋予的，是上下左右有界受控的，不是可以为所欲为、随心所欲的，要做到"权为民所用"。要把厉行法治作为治本之策，把权力运行的规矩立起来、讲起来、收起来，真正做到谁把法律当儿戏，谁就必然要受到法律的惩罚。[1]

总之，"党大还是法大"是一个政治陷阱，是一个伪命题。在新时代的中国，社会主义法治必须坚持党的领导，党的领导必须依靠社会主义法治，两者之间是根本一致的。

（三）党的领导是社会主义法治最根本的保证

社会主义法治必须坚持党的领导，党的领导必须依靠社会主

---

[1]《习近平新时代中国特色社会主义思想学习纲要》，学习出版社、人民出版社2019年版，第106页。

义法治。党的领导是社会主义法治最根本的保证,把党的领导贯彻到依法治国全过程和各方面,是我国社会主义法治建设的一条基本经验。

首先,中国共产党的领导地位不是自封的,是历史和人民选择的。中国共产党的领导核心地位是由科学社会主义的理论逻辑和中国人民革命、建设、改革的历史逻辑所决定的,是由我国宪法以国家根本大法的形式和《中国共产党章程》以党内最高法规的形式所确定的,是由党的性质决定的,是实现中华民族伟大复兴的根本保证。坚持和改善中国共产党的领导,就是要把党的意志和人民的意志按法定程序上升为国家意志,保持党同人民群众的血肉联系。我国宪法以根本法的形式反映了党带领人民进行革命、建设、改革取得的成果,反映了在历史和人民选择中形成的党的领导地位。

其次,全面推进依法治国,必须发挥党总揽全局、协调各方的作用。全面推进依法治国,方向要正确,政治保证要坚强。古人说:"有道以统之,法虽少,足以化矣;无道以行之,法虽众,足以乱矣。"习近平总书记强调,党政军民学,东西南北中,党是领导一切的。中国特色社会主义最本质的特征是中国共产党领导,中国特色社会主义制度的最大优势是中国共产党领导。[1]中国共产党是中国特色社会主义事业的坚强领导核心,处在总揽全局、协调各方的地位,是最高政治力量,各个领域、各个方面都必须坚定自觉地坚持党的领导。这就像"众星捧月",这个"月"就是中国共产党。习近平总书记反复强调:我们治国理政的根本,就是中国共产党的领导和社会主义制度。在国家治理体系的大棋局中,党中央是坐镇中军帐的"帅",中央委员会、中央政治局、中

---

[1]《习近平谈治国理政》第2卷,外文出版社2017年版,第43页。

央政治局常委会等是党的领导决策核心，人大、政府、政协、监察委、法院、检察院等的党组织以及企事业单位、人民团体等的党组织等车马炮各展其长，一盘棋大局分明，治国理政才有方向、有章法、有力量。党的领导是全面领导，自然也包括对社会主义法治各领域工作的领导和统筹，明确了这个根本问题，我们就能有效抵御"西方宪政""司法独立""多党政治"等法治方面的西化思潮，保证全面依法治国始终沿着正确的方向阔步前进。

最后，党的领导和依法治国在根本上是一致的。新时代中国，社会主义法治必须坚持党的领导，党的领导必须依靠社会主义法治，两者之间是根本一致的。在我国，法是党的主张和人民意愿的统一体现，党领导人民制定宪法法律，党领导人民实施宪法法律，党自身必须在宪法法律范围内活动，这就是党的领导力量的体现。党和法、党的领导和依法治国是高度统一的。从性质看，党领导人民干的事业就是建设社会主义，我们搞的法治也是社会主义性质的法治；从宗旨看，始终坚持人民主体地位、保证人民当家做主、维护人民合法权益，既体现了我们党的根本宗旨，也是社会主义法治建设的根本目的；从任务看，我们党带领人民实现现代化，包括实现国家治理体系和治理能力现代化，而法治建设也是实现国家治理体系和治理能力现代化的重要内容，所以说这两者是根本一致、内在统一的。

总之，党的领导与依法治国两者是并行不悖的，缺一不可。坚持在党的领导下依法治国、厉行法治，同时坚持党在宪法法律范围内活动，这样才能真正实现党的领导、人民当家做主和依法治国有机统一，国家和社会生活法治化才能有序推进。

（四）加强和完善党对全面推进依法治国的领导

党要充分发挥总揽全局、协调各方的领导核心作用，领导立法、保证执法、支持司法、带头守法,确保依法治国的正确政治方向。要把依法治国基本方略同依法执政基本方式统一起来,把党总揽全局、协调各方同人大、政府、政协、审判机关、检察机关依法依章程履行职能、开展工作统一起来,把党领导人民制定和实施宪法法律同党坚持在宪法法律范围内活动统一起来,善于使党的主张通过法定程序成为国家意志,善于使党组织推荐的人选通过法定程序成为国家政权机关的领导人员,善于通过国家政权机关实施党对国家和社会的领导,善于运用民主集中制原则维护中央权威、维护全党全国团结统一。

党的十八届四中全会提出了全面推进依法治国的决定,全面推进依法治国的总目标是建设中国特色社会主义法治体系,建设社会主义法治国家。党的十九大明确要求到2035年建设法治国家、法治政府、法治社会的任务基本完成,各方面制度更加完善,国家治理体系和治理能力现代化基本实现。全面推进依法治国,党的领导是最根本的保证。2016年7月1日,习近平总书记在庆祝中国共产党成立95周年大会上指出:"全面依法治国,核心是坚持党的领导、人民当家作主、依法治国有机统一,关键在于坚持党领导立法、保证执法、支持司法、带头守法。"[1]

党领导立法。就是指根据党和国家大局、人民群众意愿,党提出立法建议,制定体现人民根本利益和社会发展要求的法。我们要主动适应改革和经济社会发展需要,围绕中国特色社会主义经济建设、政治建设、文化建设、社会建设、生态文明建设,完善立法体制机制,加强重点领域立法,不断完善以宪法为核心的中国特色社会主义法律体系。

党保证执法。就是指党通过政治领导、思想领导、组织领导

---

[1]《习近平谈治国理政》第2卷,外文出版社2017年版,第39页。

和工作领导，坚持依宪治国、依宪执政，监督和促进执法部门严格执法，建立高效的法治实施体系。我们要在党的领导下，深化行政体制改革和行政执法体制改革，建立权责统一、权威高效的依法行政体制，不断推进行政机关事权规范化、法律化，加强对执法活动的监督，坚决惩治腐败现象，做到有权必有责、用权受监督、违法受追究。

党支持司法。就是指各级党政机关和领导干部要支持法院、检察院依法独立公正行使职权，让人民群众在每一个司法案件中都感受到公平正义。我们要有领导有步骤地推进司法体制改革，完善司法管理体制和司法权力运行机制，规范司法行为，加强对司法活动的监督，确保党政机关和领导干部不得干预司法活动、插手具体案件处理，不得让司法机关做违反法定职责、有碍司法公正的事情。

党带头守法。就是指各级党政机关和广大党员领导干部必须率先垂范、带头遵守宪法法律。我们要抓住领导干部这个"关键少数"，强化各级党员干部的法律意识，强化法治思维，严格遵循法定权限和法定程序想问题、作决策、办事情，运用法治方式深化改革、推动发展、化解矛盾、维护稳定。特别是党员领导干部要保持对宪法法律的忠诚之心、敬畏之心，在任何时候都不能触碰法律红线、不得逾越法律底线。

同时，我们要坚持依法治国与制度治党、依规治党统筹推进、一体建设，构建和完善以党章为根本，以民主集中制为核心，以准则、条例等党内法规为主干，由各领域各层级党内法规制度组成的党内法规制度体系，切实提高党内法规执行能力和水平，努力形成国家法律法规和党内法规制度相辅相成、相互促进、相互保障的格局。

14

如何以科学思维引领社会主义意识形态建设？

李国泉 复旦大学马克思主义学院讲师

一 疑难问题

关于社会主义意识形态建设的重要论述，是习近平新时代中国特色社会主义思想不可或缺的组成部分。习近平总书记在党的十九大报告中指出，"意识形态决定文化前进方向和发展道路"，要"建设具有强大凝聚力和引领力的社会主义意识形态，使全体人民在理想信念、价值理念、道德观念上紧紧团结在一起"[1]。意识形态工作的成败，决定我们能否实现文化强国的目标，关乎党心人心的凝聚，因而制约着实现中华民族伟大复兴的战略全局。而做好新时代中国的意识形态工作，一刻也离不开科学思维的引导和领航。这就决定了如何以科学思维引领社会主义意识形态建设的问题在"习近平新时代中国特色社会主义思想概论"课内容体系中占有一席之地。

---

[1] 习近平：《决胜全面建成小康社会 夺取新时代中国特色社会主义伟大胜利——在中国共产党第十九次全国代表大会上的报告》，人民出版社2017年版，第41页。

意识形态这个概念本身就是一个不易理解的范畴，而且意识形态问题并不仅仅局限于意识形态或文化建设领域，它的涵盖面是非常广泛的，这从习近平总书记关于意识形态建设的重要论述中就可见一斑。由此，这也增加了理解社会主义意识形态建设的难度，对于其中蕴涵的思维方式的认识，更是如此。思维方式的问题涉及深刻的理论思维，是对哲学思维的运用，所以它从来都是教学过程中的难点。如何用科学的思维来观察、思考、分析新时代中国意识形态建设中的理论和实践问题，对于广大大学生来讲并非易事，对于高校思想政治理论课教师而言亦是一个难点。

二 教学解析

恩格斯曾说："一个民族要想站在科学的最高峰，就一刻也不能没有理论思维。"[1] 习近平总书记更是强调，我们党在中国这样一个大国执政，如果缺乏理论思维，就难以战胜各种困难和风险，要认真学习马克思主义立场观点方法，"提高战略思维、创新思维、辩证思维、底线思维能力"[2]。教师在教学中讲解社会主义意识形态建设部分的内容，一个重要的问题是要从这四个方面向学生讲清楚社会主义意识形态建设的科学思维。

（一）社会主义意识形态建设的战略思维

战略一词，原指军事将领指挥作战的谋略，后引申为对实现长远性目标的总体谋划。战略思维则是主体对战略问题进行研判与规划的思维过程，它是中国共产党人理应具备的思维方式，也

---

[1]《马克思恩格斯文集》第9卷，人民出版社2009年版，第437页。
[2]《习近平谈治国理政》，外文出版社2014年版，第417页。

是社会主义意识形态建设必须坚持的科学方法。

在谈到中国革命战争的战略问题时，毛泽东指出："战略问题是研究战争全局的规律的东西。"[1] 习近平总书记进一步阐明了战略思维的意义："战略问题是一个政党、一个国家的根本性问题。战略上判断得准确，战略上谋划得科学，战略上赢得主动，党和人民事业就大有希望。"[2] 只要有意识形态建设，就会有意识形态工作的全局，而坚持战略思维，关键在于研究对于全局有决定性意义的意识形态工作规律。只有以战略思维深入研究这一规律，对意识形态建设的全局进行理性的谋划，才能科学把握新时代中国社会发展的趋势和方向。

实现中华民族的伟大复兴，是新时代坚持和发展中国特色社会主义的战略目标，而要实现这一战略目标，须把建设具有强大凝聚力和引领力的社会主义意识形态作为治国安邦的重大战略任务。意识形态工作对应于精神生活领域，但其影响又不局限于这一领域。意识形态本身蕴涵的把特殊利益说成普遍利益的本质，决定能否做好这项工作关乎社会主义事业发展的全局。以制约全局的思维把握意识形态建设规律，就应当明确意识形态工作是党的一项极端重要的工作的定位，把统一思想、凝聚力量作为工作的中心环节。统一思想是凝聚力量的前提，只有以社会主义意识形态为中心画好思想同心圆，才能打牢支撑中华民族伟大复兴的精神根基。

新时代中国意识形态建设的根本任务，即习近平总书记在8·19重要讲话中提出的实现"两个巩固"："巩固马克思主义在意识形态领域的指导地位"和"巩固全党全国人民团结奋斗的共同

---

[1]《毛泽东选集》第 1 卷，人民出版社 1991 年版，第 175 页。
[2]《习近平谈治国理政》第 2 卷，外文出版社 2017 年版，第 10 页。

思想基础。"[1]在2018年全国宣传思想工作会议上，习近平总书记进一步强调："做好新形势下宣传思想工作，必须自觉承担起举旗帜、聚民心、育新人、兴文化、展形象的使命任务。"[2]这个论断是对"两个巩固"认识框架的拓展和深化。显然，第一个巩固的要义是"举旗帜"，第二个巩固的实质是"聚民心"。而意识形态工作的使命任务除包含"两个巩固"的内容，还涉及三个要点：一是"育新人"，即培养能够担当民族复兴大任的时代新人；二是"兴文化"，即建设社会主义文化强国；三是"展形象"，即提高国家文化软实力和中华文化影响力。当然，这五个方面相互交融、相辅相成，它们构成一个有机整体，共同服务于民族复兴的战略目标。

我们以战略思维实现意识形态工作的使命，就应当全面、协调推进意识形态建设的系统工程。这主要包括：加强党对意识形态工作的全面领导，巩固社会主义意识形态的主导权和话语权；把培育和弘扬社会主义核心价值观作为凝魂聚气、强基固本的基础工程；坚守中华民族的文化基因、精神命脉，推动优秀传统文化的创造性转化和创新性发展；以马克思主义为指导建设有中国特色的社会主义大学以及哲学社会科学；坚持以人民为中心的创作导向，以中国精神为灵魂繁荣社会主义文艺；把握正确舆论导向，增强新闻舆论的思想引导力和话语公信力；净化网络空间，坚决打赢网络意识形态斗争；以讲好中国故事为主线提升对外话语的创造力，展示当代中国价值观念的魅力；等等。

---

[1]《习近平在全国宣传思想工作会议上强调　胸怀大局把握大势着眼大事　努力把宣传思想工作做得更好》，《人民日报》2013年8月21日。
[2]《习近平在全国宣传思想工作会议上强调　举旗帜聚民心育新人兴文化展形象　更好完成新形势下宣传思想工作使命任务》，《人民日报》2018年8月23日。

(二)社会主义意识形态建设的创新思维

创新的本质在于打破陈规和超越传统的思维定式。马克思主义是最讲创新精神的,坚持创新思维是马克思主义实践观的方法论要求。创新思维是一种创造性思维方式,是建设社会主义意识形态的有效方法。

新时代中国意识形态工作实践的深刻变化,为以创新为导向建设社会主义意识形态提供了客观根据。习近平总书记指出,当前我国的意识形态工作比以往任何时候都更加需要创新,而"重点要抓好理念创新、手段创新、基层工作创新"[1]。所谓理念创新,就是要保持思想观念的敏锐性,以新的认识和思路解决意识形态工作的新难题。譬如,随着新时代中国发展不平衡不充分问题的显化,一些人热衷于把社会不公平问题的"原罪"归于改革开放,大肆鼓吹中国特色社会主义的实质是"中国特色资本主义"。意识形态工作理念若不适时创新,就难以应对这一新难题。所谓手段创新,就是要积极探索益于开拓意识形态工作新局面的新举措新办法。随着社会信息化的发展,许多年轻人往往较少关注传统的主流媒体,而把互联网作为获取信息的主渠道。当前利用新技术创新媒体传播方式来影响青年群体的价值观念,已成为一项紧迫课题。所谓基层工作创新,就是要把创新的重心放在基层一线。意识形态工作的主要对象是群众,一旦脱离基层的服务对象和实践主体,其教育引导的功能就无法实现。

以创新思维建设社会主义意识形态,我们不仅要抓好意识形态工作的创新,更要聚焦于意识形态本身的创新发展问题。马克

---

[1]《习近平在全国宣传思想工作会议上强调 胸怀大局把握大势着眼大事 努力把宣传思想工作做得更好》,《人民日报》2013年8月21日。

思主义是社会主义意识形态的主体内容,实现新时代中国意识形态的创新,最根本的是要以问题为导向发展21世纪马克思主义。坚持问题导向是马克思主义的鲜明特点,是创新马克思主义的方法论原则。马克思主义创新发展的路径,蕴含于"发现问题→筛选问题→研究问题→解决问题"的进路之中。

以问题为导向开辟了21世纪马克思主义发展的新境界,关键是我们要以正在做的事情为中心做好马克思主义基本原理与中国实际相结合的文章。习近平总书记强调:"当代中国的伟大社会变革,不是简单延续我国历史文化的母版,不是简单套用马克思主义经典作家设想的模板,不是其他国家社会主义实践的再版,也不是国外现代化发展的翻版,不可能找到现成的教科书。"[1]毋庸置疑,这一伟大社会变革为发展当代世界马克思主义作出了中国的原创性贡献。基于此,以宽广视野审视马克思主义的创新发展,需要坚持立足中国与放眼世界的统一,遵循"由特殊性到普遍性的发展规律"[2]。应当说,原先我们侧重于强调中国道路的特殊性,而进一步凸显中国发展经验的世界历史意义,有助于彰显中国特色社会主义所蕴含的普遍性基础。

(三)社会主义意识形态建设的辩证思维

唯物辩证法的核心内容是关于矛盾分析和对立统一的思维方法。以辩证思维正确认识和处理新时代中国意识形态工作中的矛盾与问题,有利于促进我国意识形态建设的健康发展。反之,不坚持辩证思维方法,社会主义意识形态建设就难以沿着科学的轨道前进。

---

[1] 习近平:《在纪念马克思诞辰200周年大会上的讲话》,人民出版社2018年版,第26—27页。
[2] 《习近平谈治国理政》第2卷,外文出版社2017年版,第340页。

以辩证思维建设社会主义意识形态,我们必须抓住主要矛盾。意识形态工作面临着诸多矛盾,而其中有一种矛盾必定占据主导性的地位。新时代中国意识形态建设的突出问题,即主要矛盾的表现形式,是一些社会成员对中国特色社会主义道路、理论、制度、文化缺乏自信。要解决意识形态建设的主要矛盾,如习近平总书记所言,应当"把坚定'四个自信'作为建设社会主义意识形态的关键"[1]。

为何要在坚定"四个自信"这一关键上下功夫?当前,不同国家间围绕社会制度和价值观的较量更加频繁,意识形态领域的斗争日趋激烈。各种国内外错误思潮的滋长与传播,对中国社会的主导意识形态构成了负面的影响。这主要表现在:有的人把形成于特殊历史条件下的苏联社会主义模式普遍化,不愿意承认中国特色社会主义的特殊性;有的人丧失马克思主义信仰和共产主义信念,从根本上否定中国特色社会主义的合理性;有的人无视中国道路和制度的马克思主义基础,故意制造经典马克思主义与中国特色社会主义的对立;等等。

把坚定"四个自信"作为建设社会主义意识形态的关键,同样需要提升辩证思维能力,特别是我们要科学厘清以下几对辩证关系:

第一,坚持远大理想和现实目标的辩证统一。由于反对把超历史的万能钥匙和最终规律强加给人类,马克思恩格斯强调:"我们所称为共产主义的是那种消灭现存状况的现实的运动。"[2] 习近平总书记更是指出:"共产主义决不是'土豆烧牛肉'那么简单,不可能唾手可得、一蹴而就……我们现在坚持和发展中国特

---

[1]《习近平在全国宣传思想工作会议上强调 举旗帜聚民心育新人兴文化展形象 更好完成新形势下宣传思想工作使命任务》,《人民日报》2018 年 8 月 23 日。
[2]《马克思恩格斯文集》第 1 卷,人民出版社 2009 年版,第 539 页。

色社会主义，就是向着最高理想所进行的实实在在努力。"[1]

第二，坚持党性与人民性的辩证统一。党性和人民性都是整体性范畴，不能对之作机械理解，它们"从来都是一致的、统一的"[2]。如果说强化党对意识形态工作的全面领导是讲党性的体现，那么，以人民为中心建设社会主义意识形态，则表现了对人民立场的坚守。建设新时代中国特色社会主义，既是党的主张，又反映了人民的心声。以坚定"四个自信"为重点推进意识形态工作，要深刻把握党性与人民性的内在统一关系。

第三，坚持正面宣传和舆论斗争的辩证统一。我们建设社会主义意识形态，不仅要扩大主流思想舆论的凝聚力和引领力，特别是让党的创新理论"飞入寻常百姓家"，以发挥意识形态为中国特色社会主义辩护的作用；同时要以科学的战略战术有理有节开展舆论斗争，对那些恶意攻击党的领导和中国特色社会主义的错误言论进行深刻批判。

第四，坚持中国特色和国际比较的辩证统一。意识形态工作应当统筹国内国际两个大局。宣传阐释中国特色，关键在于讲清楚中国特色社会主义的历史渊源与实践基础。要做好对外宣传工作，在国际舆论场上提升话语权，一方面，要凸显文化自信和民族主体意识，深刻把握"中国特色社会主义植根中华文化沃土"的新命题；另一方面，应当讲好中国故事，即"中国共产党治国理政的故事、中国人民奋斗圆梦的故事、中国坚持和平发展合作共赢的故事"[3]。

---

[1]《习近平谈治国理政》第2卷，外文出版社2017年版，第142—143页。
[2]《习近平在全国宣传思想工作会议上强调　胸怀大局把握大势着眼大事　努力把宣传思想工作做得更好》，《人民日报》2018年8月23日。
[3]《习近平在全国宣传思想工作会议上强调　举旗帜聚民心育新人兴文化展形象　更好完成新形势下宣传思想工作使命任务》，《人民日报》2018年8月23日。

（四）社会主义意识形态建设的底线思维

底线指的是最低的限度，是事物质变的分界线。底线思维是着眼于最坏状况的思维方法，体现的是居安思危的忧患意识与思维自觉。底线思维不是一种消极无为的思维方式，坚持社会主义意识形态建设的底线思维，目的在于争取最优化的结果。

意识形态工作是党的一项极端重要的工作，我们必须牢固树立底线思维，一刻也不能放松和削弱这项工作。从世界共运史看，苏联解体的一个关键诱因，就在于苏共放松意识形态工作而导致了大范围的思想防线失守。习近平总书记强调："我们常说，基础不牢，地动山摇。信念不牢也是要地动山摇的。苏联解体、苏共垮台、东欧剧变不就是这个逻辑吗？苏共拥有20万党员时夺取了政权，拥有200万党员时打败了希特勒，而拥有近2 000万党员时却失去了政权。我说过，在那场动荡中，竟无一人是男儿，没什么人出来抗争。什么原因？就是理想信念已经荡然无存了。"[1]就现实境遇而论，"在新时代，我们党领导人民进行伟大社会革命，涵盖领域的广泛性、触及利益格局调整的深刻性、涉及矛盾和问题的尖锐性、突破体制机制障碍的艰巨性、进行伟大斗争形势的复杂性，都是前所未有的"[2]。思想问题与利益矛盾的交织，社会成员思想意识的多样性、复杂化，大大增加了统一思想和凝聚力量的难度。习近平总书记还说："各种风险我们都要防控，但重点要防控那些可能迟滞或中断中华民族伟大复兴进程的全局性风险，这是我一直强调底线思维的根本含义。"[3]坚持底线思维，

---

[1] 习近平：《推进党的建设新的伟大工程要一以贯之》，《求是》2019年第19期。
[2] 习近平：《在全国组织工作会议上的讲话》，《党建研究》2018年第9期。
[3] 《习近平新时代中国特色社会主义思想学习纲要》，学习出版社、人民出版社2019年版，第246页。

要重点防范可能迟滞或中断中华民族复兴进程的全局性意识形态风险。

以底线思维建设社会主义意识形态，我们必须牢牢巩固党对意识形态工作的领导权、管理权、话语权。这是我国意识形态建设不可逾越的界限。意识形态工作的领导权是政治权力，而管理权和话语权可以由其赋予，但同时受到各种思想文化变动因素的制约。若我们不注意对管理权和话语权的争取，就会造成领导权的削弱。习近平总书记多次告诫全党：一个政权的瓦解往往是从思想领域开始的，政治动荡、政权更迭可能在一夜之间发生，但思想演化是个长期过程，思想防线被攻破了，其他防线就很难守住。他还说："必须把意识形态工作的领导权、管理权、话语权牢牢掌握在手中，任何时候都不能旁落，否则就要犯无可挽回的历史性错误。"[1]

以底线思维建设社会主义意识形态，我们必须在舆论战场上争夺主动权和打好主动仗。其一，针对不同舆论领域要采取不同策略。习近平总书记提出"三个地带"观点："思想舆论领域大致有红色、黑色、灰色'三个地带'。红色地带是我们的主阵地，一定要守住；黑色地带主要是负面的东西，要敢于亮剑，大大压缩其地盘；灰色地带要大张旗鼓争取，使其转化为红色地带。"[2]其二，要抓好互联网、高校、国企等关键阵地的工作。在互联网这一舆论斗争的主战场上能否打得赢，直接关乎国家意识形态安全和政权安全。高校肩负着传播马克思主义的重任，要以思想政治工作为抓手管好这块意识形态前沿阵地。国有企业的意识形态建设关系整个经济社会的发展方向，要把社会主义意识形态和党

---

[1]《习近平关于全面深化改革论述摘编》，中央文献出版社2014年版，第86页。
[2] 习近平：《在全国党校工作会议上的讲话》，人民出版社2016年版，第20页。

的领导融入公司治理的全过程。其三，要把敢于亮剑与善于亮剑有机统一起来。在大是大非和政治原则问题上要主动亮剑，敢于与错误言论和敌对意识形态作斗争。而敢于亮剑的背后蕴含着如何善于亮剑的问题，我们在批判时应注意改进亮剑的方式方法。

以底线思维建设社会主义意识形态，我们必须强化对共产党人的理想信念教育。这主要是解决党内思想不纯的问题。坚守共产主义理想信念，是马克思主义政党的政治底线，是新时代中国共产党人安身立命的精神脊梁和拒腐防变的总开关。而缺乏对共产主义信念的定力，出现大范围的信仰迷茫问题，是导致犯根本性错误的根源。习近平总书记指出："马克思主义政党不是因利益而结成的政党，而是以共同理想信念而组织起来的政党。建设坚强的马克思主义执政党，首先要从理想信念做起。对马克思主义的信仰，对社会主义和共产主义的信念，是共产党人的政治灵魂，是共产党人经受任何考验的精神支柱。"[1] 理想信念是共产党人精神上的"钙"，一些领导干部在政治上变质、经济上贪婪、道德上堕落、生活上腐化，归根到底是因为理想信念出现了滑坡和病变。这彰显了理想信念教育对于坚持底线思维的意义。

---

[1] 习近平：《推进党的建设新的伟大工程要一以贯之》，《求是》2019年第19期。

15 打赢脱贫攻坚战为什么是全面建成小康社会的底线任务？

刘达培 复旦大学马克思主义学院博士研究生

一 疑难问题

2017年1月，习近平总书记在河北省张家口市考察脱贫攻坚工作时作出"打赢脱贫攻坚战是全面建成小康社会的底线任务"的战略判断。这一战略判断清晰阐释了脱贫攻坚与全面建成小康社会的关系，突出强调了脱贫攻坚在全面建成小康社会中的战略地位，要求我们从全面建成小康社会、实现第一个百年奋斗目标的高度看待脱贫攻坚。"决胜全面建成小康社会"和"坚决打赢脱贫攻坚战"是分属于新时代中国特色社会主义的战略安排和社会建设的内容，是习近平新时代中国特色社会主义思想的重要组成部分。在"习近平新时代中国特色社会主义思想概论"课中，要向学生讲清楚"决胜全面建成小康社会"与"坚决打赢脱贫攻坚战"的关系。

把这个问题作为一个教学难点，目的是为了解答学生对于精准扶贫、精准脱贫攻坚战的思想认识问题。党中央开展精准扶贫、精准脱贫攻坚战以来，全党上下对此形成了高度共识并全力以赴地投入这场行动之中,在短短几年时间里取得了历史性成就和决定性进展。但与此同时,社会上的一些质疑声和抱怨情绪也时不时地萦绕在脱贫攻坚战场的上空,有人质疑它是否必要,有人批评它不讲效率,有人攻击它只会养懒汉。这些说法反映了部分人对脱贫攻坚战略意义的认识依然存在错误和偏差。从理论看,如果不从中国共产党的性质、宗旨和我国的社会主义制度出发,而仅仅从市场经济的视角出发看问题,就很难理解党中央为什么要用超常规手段坚决打赢脱贫攻坚战。从实践说,人的认识归根到底是在实践中产生的,没有经历过贫困生活或者没有深入接触过贫困地区和贫困群众生活的人,很难对"贫困"有真切的体悟和认识,也很难对困难群众产生深切的同情。及时拨开思想迷雾、纠正认识错误对于理论思维正在养成、实践阅历比较缺乏的大学生来说尤为必要。

二 教学解析

准确、全面地理解"打赢脱贫攻坚战是全面建成小康社会的底线任务"这个判断,需要明确三个要点:全面建成小康社会之"全面"、脱贫攻坚战之"坚"、脱贫攻坚战只能打赢。第一个要点揭示全面建成小康社会与打赢脱贫攻坚战的关系,明确底线任务的由来。第二个要点突出打赢脱贫攻坚战的重要性与艰巨性,强调各级党委和政府的责任担当。第三个要点表明党中央坚决打赢脱贫攻坚战、决胜全面建成小康社会的决心。

(一)全面建成小康社会之"全面"

全面建成小康社会是"两个一百年"奋斗目标的第一个百年奋斗目标,也是脱贫攻坚战的指向所在。明确"底线任务"从何而来则是理解这一判断的坐标原点。

众所周知,全面建成小康社会的战略目标是由邓小平提出的"小康"概念演化而来的。1979年12月6日,邓小平在会见日本首相大平正芳时指出,到20世纪末中国要实现的四个现代化就是小康的状态。[1]根据邓小平的设想,党的十二大确定了到20世纪末使全国人民的物质文化生活达到小康水平的战略目标。党的十三大正式确立我国经济建设大体分"三步走"的战略部署,第二步要实现的就是到20世纪末人民生活达到小康水平。在人民生活总体达到小康水平的基础上,党的十五大对原来的第三步战略目标进行细化,对小康水平提出了更高要求;党的十六大、十七大确立了到2020年全面建设惠及十几亿人口的更高水平的小康社会的目标,并对实现全面建设小康社会的宏伟目标作出全面部署。

根据我国经济社会的发展实际,在党的十六大、十七大确立的全面建设小康社会目标的基础上,党的十八大提出了全面建成小康社会的奋斗目标。这一奋斗目标从"五位一体"总体布局的高度对全面建成小康社会提出了新的要求,其中就包括"扶贫对象大幅减少"在内的"人民生活水平全面提高"。

"全面建成小康社会"的要义在于"全面"。习近平总书记指出:"全面建成小康社会,强调的不仅是'小康',而且更重要的也是更难做到的是'全面'。'小康'讲的是发展水平,'全面'讲的是发展的平衡性、协调性、可持续性。"[2]全面小康,在覆盖的领域上指的是"五位一体"全面进步的小康,要求经济、政治、文化、社会、生态文明建设全面进步。任何一个方面发展滞后,都会影响全面建成小康社会目标的实现。在覆盖的人口上指的是

---

[1]《邓小平文选》第2卷,人民出版社1994年版,第237页。
[2]《习近平谈治国理政》第2卷,外文出版社2017年版,第78页。

惠及全体人民的小康。没有全民小康，就没有全面小康。全面小康的路上，一个都不能少。在覆盖的区域上指的是城乡区域共同的小康。农村特别是贫困地区，是全面小康最大的短板。没有农村和贫困地区的全面小康，就没有全国的全面小康。所以，打赢脱贫攻坚战，是全面建成小康社会的底线任务。[1]

"全面建成小康社会，关键是要把经济社会发展的'短板'尽快补上，否则就会贻误全局"[2]。而农村贫困人口脱贫是最突出的短板。因此，只有打赢脱贫攻坚战，才能使全体人民一同进入全面小康，这样，全面建成小康社会的奋斗目标才算真正实现。

（二）脱贫攻坚战之"坚"

"脱贫攻坚"是由"扶贫攻坚"转化而来的。新中国成立特别是改革开放以来，我们党持续向贫困宣战，实施大规模扶贫开发行动，使贫困人口大幅减少，贫困群众生活水平显著提高，贫困地区面貌发生根本变化。党的十八大以来，党中央实施精准扶贫、精准脱贫，加大扶贫投入，创新扶贫方式，扶贫开发工作呈现新局面。现在已经到了扶贫开发攻克最后堡垒的阶段，所以党的十八届五中全会把"扶贫攻坚战"改成了"脱贫攻坚战"。

把脱贫称作"攻坚战"，集中体现出这场战役的艰巨、艰难与艰辛。正如习近平总书记在中央扶贫开发工作会议上的讲话所指出的，"打赢脱贫攻坚战，不是轻轻松松一冲锋就能解决的"[3]。要实现《中国农村扶贫开发纲要（二〇一一—二〇二〇年）》制定的"两不愁、三保障"目标并不容易，其主要原因："一是实现

---

[1]《习近平新时代中国特色社会主义思想学习纲要》，学习出版社、人民出版社2019年版，第61—62页。
[2]《十八大以来重要文献选编》（下），中央文献出版社2018年版，第29页。
[3] 同上书，第33页。

到二〇二〇年七千多万农村贫困人口脱贫的目标,从今年起平均每年减贫一千多万人。二是经过多年努力,容易脱贫的地区和人口已经解决得差不多了,越往后脱贫攻坚成本越高、难度越大、见效越慢。三是按照投入二万元大体解决一个农村贫困人口的脱贫问题测算,七千多万农村贫困人口脱贫需要投入一万四千亿元,如果今年脱贫一千万人,未来五年每年需投入二千四百亿元左右。四是农村新的贫困人口还会出现,不少贫困户稳定脱贫能力差,因灾、因病、因学返贫情况时有发生。第一代农民工大多进入老龄阶段,其中相当一些人因常年在外打工积劳成疾,回到家乡后社会保障不给力,生活依旧十分困难。五是经济下行压力加大,贫困人口就业和增收难度增大,一些农民因丧失工作重新陷入贫困。"[1]

"战"是担使命,"坚"处显担当。明确打赢脱贫攻坚战是全面建成小康社会的底线任务,目的是要让全党在思想上充分认识到任务的重要性、艰巨性和紧迫性,并把任务放在心上、扛在肩上、抓在手上。当前,"脱贫攻坚已经到了啃硬骨头、攻坚拔寨的冲刺阶段,必须以更大的决心、更明确的思路、更精准的举措、超常规的力度,众志成城实现脱贫攻坚目标,决不能落下一个贫困地区、一个贫困群众"[2]。

(三)脱贫攻坚战只能打赢

作为底线任务,打赢脱贫攻坚战既有数量底线、质量底线,又有时间底线。即将出现在我们面前的结果,客观上存在两种可能:要么赢,要么输。没有完成任务即为输,没有按时完成任务

---

[1]《十八大以来重要文献选编》(下),中央文献出版社2018年版,第33—34页。
[2]《习近平谈治国理政》第2卷,外文出版社2017年版,第84页。

亦算作输。打赢意味着什么？打输意味着什么？我们党十分清醒。底线是不容许突破的，脱贫攻坚战只能打赢。

第一，打赢脱贫攻坚战是中国共产党向人民、向历史作出的庄严承诺。

实现共同富裕和全面小康是由中国共产党的主要领导人提出的、党的全国代表大会通过的重大政治决策，是向全国人民作出的庄严承诺。作出这个承诺，源自中国共产党的初心和使命，体现了党的根本宗旨。在我国革命、建设、改革的各个阶段，人民信任和拥护中国共产党，是因为中国共产党总是能够履行和兑现向人民、向历史作出的庄严承诺。可以说，能否兑现承诺是对中国共产党执政有效性的检验。如果中国共产党未能履行和兑现承诺，就意味着没能经受住实践的考验，就将失信于民，甚至可能丧失执政的合法性。为此，习近平总书记指出："全面建成小康社会，是我们对全国人民的庄严承诺，必须实现，而且必须全面实现，没有任何讨价还价的余地。不能到了时候我们说还实现不了，再干几年。也不能到了时候我们一边宣布全面建成了小康社会，另一边还有几千万人生活在扶贫标准线以下。如果是那样，必然会影响人民群众对全面小康社会的满意度和国际社会对全面小康社会的认可度，也必然会影响我们党在人民群众中的威望和我们国家在国际上的形象。"[1]

打赢脱贫攻坚战，这不仅是一个经济效益问题，更重要的还是政治效益和社会效益问题。当我们站在人民的立场、党的初心使命宗旨、我国的社会性质、新时代坚持和发展中国特色社会主义的战略安排高度去看待脱贫攻坚时，便能对这场战役的必要性和采用超常规手段打赢战役的必要性产生清醒的认识。

---

[1]《十八大以来重要文献选编》（下），中央文献出版社2018年版，第29—30页。

第二，打赢脱贫攻坚战是社会主义制度优越性的生动体现。

社会主义的本质，是解放生产力，发展生产力，消灭剥削，消除两极分化，最终达到共同富裕。习近平总书记强调："消除贫困、改善民生、逐步实现共同富裕，是社会主义的本质要求，是我们党的重要使命。"[1]"贫穷不是社会主义。如果贫困地区长期贫困，面貌长期得不到改变，群众生活长期得不到明显提高，那就没有体现社会主义制度的优越性，那也不是社会主义。"[2]习近平总书记从政治高度关于脱贫攻坚与社会主义关系的论述，深刻揭示出打赢脱贫攻坚战的极端重要性，深化了全党对这一问题的认识，从而使我们更加自觉地认识到：只有把社会主义的本质体现在党的奋斗目标中、表现在兑现承诺上，才能体现出我国社会主义制度的优越性，才能增强人们对社会主义的认同感，才能为中国特色社会主义的道路自信、理论自信、制度自信、文化自信提供坚实的基础和足够的底气。

从世界范围说，消除贫困是全人类共同面临的一个难题。特别是在许多发达资本主义国家，尽管他们的生产力水平已经达到了很高的程度，依然无法彻底解决贫困问题。作为一个在一穷二白基础上建立起来的社会主义国家，我国在短短几十年的时间里成功走出了一条中国特色扶贫开发道路，成为世界上减贫人口最多和率先完成联合国千年发展目标的国家。"这个成就，足以载入人类社会发展史册，足以向世界证明中国共产党领导和中国特色社会主义制度的优越性"[3]。

第三，打赢脱贫攻坚战是全面建成社会主义现代化强国的关

---

[1]《习近平谈治国理政》第2卷，外文出版社2017年版，第83页。
[2] 中共云南省委：《让贫困地区同步全面建成小康社会——深入学习贯彻习近平总书记关于扶贫开发的战略思想》，《求是》2015年第7期。
[3]《习近平谈治国理政》第2卷，外文出版社2017年版，第84页。

键一步。

　　根据发展需要制定战略目标、通过战略目标引领发展是我党带领全国人民建设社会主义的一个优良传统。明确打赢脱贫攻坚战在新时代坚持和发展中国特色社会主义的战略安排中的历史坐标，有助于我们进一步认识它的战略意义。

　　建设社会主义现代化强国，实现中华民族伟大复兴，是中华民族的最高利益和根本利益。我们党领导中国人民进行的一切奋斗，归根结底都是为了实现这一伟大目标。为了实现这一伟大目标，党的十九大做出从2020年到本世纪中叶，在全面建成小康社会的基础上，分两步走全面建成社会主义现代化强国的战略安排。从近景目标看，打赢脱贫攻坚战是全面建成小康社会的底线任务；从远景目标看，全面建成小康社会又是全面建成社会主义现代化强国的基础任务。因此，打赢脱贫攻坚战是在完成全面建成社会主义现代化强国的基础任务中的底线任务。没有全面建成小康社会这个基础，后面的两步就无从谈起。这一步，至关重要。

　　总之，如果不能如期打赢脱贫攻坚战，就意味着中国共产党将失信于民，影响党的信誉与权威；意味着社会主义制度的优越性将受到削弱，影响国内外对中国特色社会主义的认同；意味着全面建成社会主义现代化强国的步伐将受到阻滞，影响实现中华民族伟大复兴中国梦的进程和信心。基于以上三个方面的依据，可以断定：脱贫攻坚战不能打输，只能打赢。

为什么要把乡村振兴战略作为新时代"三农"工作的总抓手?

石 璞 复旦大学马克思主义学院博士研究生

一 疑难问题

以习近平同志为核心的党中央坚持把解决好"三农"问题作为全党工作的重中之重,不断推进"三农"工作理论创新、实践创新、制度创新,推动农业农村发展取得历史性成就。实施乡村振兴战略,是党的十九大作出的重大决策部署,是新时代"三农"工作的总抓手,是"习近平新时代中国特色社会主义思想概论"课内容体系的重要组成部分。学习这一内容,有助于深化学生对于新时代"三农"工作的认识和理解。

把乡村振兴战略作为新时代"三农"工作的总抓手,在教学中是一个难点。长期以来,人们都习惯于以"三农"认识"三农",而把农业现代化单独分出来讲,实际工作中"三农"工作"说起来重要、干起来次要、忙起来不要"的问题比较突出。讲好乡村振兴战略的要点和难点在于:要讲清楚"开启全面建设社会主义现代化国家新征程"的内容,就必须讲清楚"实施乡村振兴战略是关系全面建设社会主义现代化国家的全局性、历史性任务"。

二 教学解析

习近平总书记关于"三农"工作的重要论述和实施乡村振兴战略的重要指示,有助于我们更好地认识和解答乡村振兴战略何以构成新时代"三农"工作总抓手的问题。我们要讲好乡村振兴战略,必须从三个维度讲清楚它的战略定位、内涵要求、实施路径。战略定位表现为它是关系全面建设社会主义现代化国家的全局性、历史性任务,内涵要求包括了农业农村现代化的总目标、农业农村优先发展的总方针、"二十个字"的总要求,实施路径的核心在于走中国特色乡村振兴之路。

(一)实施乡村振兴战略是关系全面建设社会主义现代化国家的全局性、历史性任务

习近平总书记关于"三农"工作的重要论述,是我们党"三农"理论与时俱进的重大创新,是新时代做好"三农"工作的理论武器和指导方法。中国特色社会主义进入新时代,是开展"三农"工作的新的历史起点,对"三农"问题的解决提出了更高的要求。实施乡村振兴战略,是党的十九大作出的重大决策部署,是决胜全面建成小康、全面建设社会主义现代化强国的重大历史任务,是新时代"三农"工作的总抓手。

实施乡村振兴战略是新形势下解决城乡发展不平衡、农村发展不充分问题的必然要求。中国特色社会主义进入新时代,我国社会的主要矛盾已经转化成为人民日益增长的美好生活需要和不平衡不充分的发展之间的矛盾。我国发展的最大的不平衡是城乡发展不平衡,最大的不充分是农村发展不充分,人民日益增长的美好生活需要和不平衡不充分的发展之间的矛盾在农业农村方面

尤为突出。截至 2016 年末，我国仍有 88.1% 的村没有通天然气，74.9% 的村没有电子商务配送点，82.6% 的村生活污水没有得到处理，40.8% 的村没有体育健身场所，67.7% 的村没有幼儿园、托儿所，52.3% 的村家庭没有用上经过净化处理的自来水，63.8% 的村家庭还在使用旱厕。2016 年，我国城乡居民可支配收入比仍达到 2.7∶1。2018 年我国的常住人口城镇化率约为 59.6%。[1] 以此推算，即便我国城镇化率达到 70%，仍将有 4 亿多人口生活在乡村。乡村振兴战略的提出，有着鲜明的问题导向，就是要在全面建成小康社会、全面建设社会主义现代化国家的战略高度上解决好新时代"三农"问题。

如期全面建成高质量的小康社会，是全面建成社会主义现代化强国的前提和基础。党的十九大报告提出实施乡村振兴战略，史无前例地把这个战略庄严地写入党章，是全面建成小康社会的重大战略部署。全面小康，是惠及全体人民的小康，是城乡区域共同的小康。正如习近平总书记所言："全面建成小康社会，最艰巨最繁重的任务在农村特别是在贫困地区。没有农村的小康，特别是没有贫困地区的小康，就没有全面建成小康社会。"[2] 农村特别是贫困地区，是实现全面小康最大的短板。新时代全面建成小康社会，农村不能落下。打赢脱贫攻坚战，是全面建成小康社会的底线任务。乡村振兴与脱贫攻坚是有机统一的，乡村振兴战略为新时代农村发展指明了方向。而让贫困人口和贫困地区摆脱贫困，同全国人民一道进入小康社会，是"两个一百年"奋斗目标的第一个百年奋斗目标，是我们党向人民、向历史作出的庄严

---

[1] 国家统计局：《第三次全国农业普查主要数据公报（第一号）》（2017 年 12 月 14 日），http://www.stats.gov.cn/tjsj/tjgb/nypcgb/qgnypcgb/201712/t20171214_1562740.html。

[2] 《习近平谈治国理政》，外文出版社 2014 年版，第 189 页。

承诺。按现行国家贫困标准，2018年末，全国农村贫困人口由2013年的8 249万人减少到1 660万人，5年来共有6 500万人脱贫；贫困发生率1.7%，比上年下降1.4个百分点。[1] 实施乡村振兴战略，打赢脱贫攻坚战，全面建成小康社会，才能为全面建成社会主义现代化强国的总目标奠定坚实的基础。

没有农业农村的现代化，就没有整个国家的现代化。建设社会主义现代化强国，实现中华民族伟大复兴，是中华民族的最高利益和根本利益。与西方发达国家工业化、城镇化、农业现代化、信息化"串联式"的发展过程不同，中国的现代化是一个"并联式"的过程，工业化、城镇化、信息化、农业现代化是叠加发展的。"三农"问题，尤其是农业农村现代化的问题，在我国现代化进程中与许多其他问题交织在一起，比如工农关系、城乡关系问题等。这些问题在一定程度上决定着现代化的成败。实施乡村振兴战略，就是为了从全局和战略高度来把握和处理工农关系、城乡关系。只有把农业农村现代化放到社会主义现代化全局之中，按照"四化同步"的要求，才能解决好农业农村与工业化、城镇化相比"一条腿短、一条腿长"的问题。[2] 乡村振兴战略是确保农业农村现代化与全面建设社会主义现代化国家总目标同步实现的重大举措，有着清晰的战略安排和目标任务。在2020年全面建成小康社会的基础上，到2035年，乡村振兴取得决定性进展，农业农村现代化基本实现；到2050年，乡村全面振兴，农业强、农村美、农民富全面实现。[3] 实施乡村振兴战略，实现农业农村的

---

[1] 国家统计局：《2018年国民经济和社会发展统计公报》（2019年2月28日），http://www.stats.gov.cn/tjsj/zxfb/201902/t20190228_1651265.html。
[2] 习近平：《把乡村振兴战略作为新时代"三农"工作的总抓手》，《求是》2019年第11期。
[3] 《中共中央国务院关于实施乡村振兴战略的意见》，《人民日报》，2018年2月5日，第1版。

现代化,是全面建设社会主义现代化国家的必然要求和重要组成部分。农业不发达、乡村不繁荣,既不符合党的执政宗旨,也不符合社会主义的本质要求,这样的现代化难以获得成功。

(二)坚持把实施乡村振兴战略作为新时代"三农"工作总抓手

实施乡村振兴战略,必须坚持农业农村优先发展,服务于社会主义现代化建设全局,要明确新时代"三农"工作的总目标是农业农村现代化,总方针是农业农村优先发展,总要求是产业兴旺、生态宜居、乡风文明、治理有效、生活富裕。

新时代"三农"工作必须围绕农业农村现代化的总目标。农业现代化是我们长期以来花了很大精力去做的,也取得了长足进步。第三次全国农业普查结果显示,2016年末,全国有联合收割机114万台,比十年前增长了105.3%,排灌动力机械1 431万套,比十年前增长了6.1%。全国主要农作物耕种收综合机械化水平已超过65%,农业科技进步贡献率超过57%。耕地规模化耕种面积占全部实际耕种耕地面积的比重为28.6%,其中规模农业经营户占比为17.0%,农业经营单位占比为11.6%。[1] 同时,习近平总书记清醒地指出,农业农村现代化是一个整体,不能单讲农业现代化不讲农村现代化。"相比较而言,农村在基础设施、公共服务、社会治理等方面差距相当大。农业农村现代化既包括'物'的现代化,也包括'人'的现代化,还包括乡村治理体系和治理能力的现代化"[2]。实施乡村振兴战略,就是要解决"物"的现

---

[1] 国家统计局:《第三次全国农业普查主要数据公报(第二号)》(2017年12月14日),http://www.stats.gov.cn/tjsj/tjgb/nypcgb/qgnypcgb/201712/t20171215_1563539.html。

[2] 习近平:《把乡村振兴战略作为新时代"三农"工作的总抓手》,《求是》2019年第11期。

代化、"人"的现代化、乡村治理体系和治理能力的现代化三者的有机统一,实现农业农村的全面现代化。

新时代"三农"工作必须坚持农业农村优先发展的总方针。我们党一直以来都把解决好"三农"问题作为全党工作的重中之重。党的十八大以来,习近平总书记提出了许多关于"三农"问题的新论述,推动了"三农"工作理论创新、实践创新、制度创新,作出了农业农村优先发展的战略判断。城乡发展不平衡、农村发展不充分,要求我们更加重视乡村。习近平总书记指出:"现在,我们很多城市确实很华丽、很繁荣,但很多农村地区跟欧洲、日本、美国等相比差距还很大。如果只顾一头、不顾另一头,一边是越来越现代化的城市,一边却是越来越萧条的农村,那也不能算是实现了中华民族伟大复兴。我们要让乡村尽快跟上国家发展步伐。"[1]实施乡村振兴战略,以农业强、农村美、农民富为目标导向,以亿万农民的获得感和幸福感为价值追求。这就决定了我们必须坚持农业农村优先发展的总方针,加快农业农村发展,加快补足"三农"短板,为乡村振兴战略创造更完备的条件。

实施乡村振兴战略必须准确把握产业兴旺、生态宜居、乡风文明、治理有效、生活富裕的总要求。这"二十个字"的总要求,反映了乡村振兴战略的丰富内涵。习近平总书记对此作了重要论述:"本世纪初,我国刚刚实现总体小康,面临着全面建设小康社会的任务,我们党就提出了'生产发展、生活宽裕、乡风文明、村容整洁、管理民主'的社会主义新农村建设总要求,这在当时是符合实际的。现在,中国特色社会主义进入了新时代,社会主要矛盾、农业主要矛盾发生了很大变化,广大农民群众有更高的

---

[1]《习近平关于"三农"工作论述摘编》,中央文献出版社2019年版,第10页。

期待，需要对农业农村发展提出更高要求。产业兴旺，是解决农村一切问题的前提，从'生产发展'到'产业兴旺'，反映了农业农村经济适应市场需求变化、加快优化升级、促进产业融合的新要求。生态宜居，是乡村振兴的内在要求，从'村容整洁'到'生态宜居'反映了农村生态文明建设质的提升，体现了广大农民群众对建设美丽家园的追求。乡风文明，是乡村振兴的紧迫任务，重点是弘扬社会主义核心价值观，保护和传承农村优秀传统文化，加强农村公共文化建设，开展移风易俗，改善农民精神风貌，提高乡村社会文明程度。治理有效，是乡村振兴的重要保障，从'管理民主'到'治理有效'，是要推进乡村治理能力和治理水平现代化，让农村既充满活力又和谐有序。生活富裕，是乡村振兴的主要目的，从'生活宽裕'到'生活富裕'，反映了广大农民群众日益增长的美好生活需要。"[1]"五位一体"全面振兴及其现代化指向，是"五位一体"总体布局和"四个全面"战略布局在"三农"工作中的重要体现。

（三）走中国特色乡村振兴之路

乡村振兴战略，是新时代"三农"工作的总抓手，是"三农"工作中管全面、管长远的决策部署。在我们这样一个拥有近14亿人口的大国，实施乡村振兴战略，没有可供参考的现成经验。因此，必须从我国国情出发，走中国特色乡村振兴之路。

第一，尊重我国人多地少的农业实际，探索小规模农户和现代农业发展有机衔接之路。人多地少长期以来是我国农业生产的基本状况。统计显示，截至2017年，我国人均耕地面积只有1.46

---

[1] 习近平：《把乡村振兴战略作为新时代"三农"工作的总抓手》，《求是》2019年第11期。

亩，仅为世界平均水平的一半。[1]习近平总书记指出："我国人多地少矛盾十分突出，户均耕地规模仅相当于欧盟的四十分之一、美国的四百分之一。'人均一亩三分地、户均不过十亩田'，是我国许多地方农业的真实写照。这样的资源禀赋决定了我们不可能各地都像欧美那样搞大规模农业、大机械作业，多数地区要通过健全农业社会化服务体系，实现小规模农户和现代农业发展有机衔接。当前和今后一个时期，要突出抓好农民合作社和家庭农场两类农业经营主体发展，赋予双层经营体制新的内涵，不断提高农业经营效率。"[2]

第二，遵循乡村自身发展规律，传承发展提升农耕文明，走乡村文化兴盛之路。农耕文明是中华文明之根，是我们的软实力。乡村振兴完全可以保留村庄原始风貌，在原有村庄形态上改善居民生活条件，把农耕文明优秀遗产和现代文明要素结合起来。乡村振兴是全面振兴，"要物质文明和精神文明一起抓，特别要注重提升农民精神风貌"[3]。祖传家训、乡风民俗，"都承载着华夏文明生生不息的基因密码，彰显着中华民族的思想智慧和精神追求"[4]。扎根乡村做好乡村道德建设，有助于为乡村熟人社会的道德规范注入新的时代内涵，更好地发挥德治作用，推进乡村治理。

第三，推进乡村振兴战略，必须走城乡融合发展之路。城乡发展不平衡不协调，是我国经济社会发展中的突出矛盾，是全面建设社会主义现代化国家必须解决的重大问题，要解决这些问题，

---

[1] 中华人民共和国国土资源部：《2016年中国国土资源报告》（2017年4月28日），http://www.mnr.gov.cn/sj/tjgb/201807/P020180704391918680508.pdf。
[2] 习近平：《把乡村振兴战略作为新时代"三农"工作的总抓手》，《求是》2019年第11期。
[3] 《习近平关于"三农"工作论述摘编》，中央文献出版社2019年版，第122页。
[4] 习近平：《论坚持全面深化改革》，中央文献出版社2018年版，第406页。

就必须推进城乡发展一体化。我们始终没有提城市化,而是提城镇化。习近平总书记强调,要向改革要动力,推动形成工农互促、城乡互补、全面融合、共同繁荣的新型工农城乡关系,"要健全多元投入保障机制,增加对农业农村基础设施建设投入,加快城乡基础设施互联互通,推动人才、土地、资本等要素在城乡间双向流动。要建立健全城乡基本公共服务均等化的体制机制,推动公共服务向农村延伸、社会事业向农村覆盖。要深化户籍制度改革,强化常住人口基本公共服务,维护进城落户农民的土地承包权、宅基地使用权、集体收益分配权,加快农业转移人口市民化"[1]。

完善和加强党对农村工作的全面领导,是实施乡村振兴战略的根本政治保障。为此,中央专门制定了《中国共产党农村工作条例》,确保党在农村的执政基础得以巩固,确保新时代农村工作始终保持正确的政治方向。[2] 政治方向、组织建设、人才振兴是加强党对乡村建设领导作用的主要方面。实施乡村振兴战略,各级党委和党组织必须加强领导,汇聚起全党上下、社会各方的强大力量。把好政治方向,就是指要坚持农村土地集体所有制性质,发展新型集体经济,走共同富裕道路。强化组织建设,就是要把乡村党组织建设好,把领导班子建设强,依靠支部领导打开局面、更上一层楼。实现人才振兴,就是要打造一支合格的党的"三农"工作队伍,把懂农业、爱农村、爱农民与懂人才、识人才、爱人才统一起来,通过制度创新、制度引领,吸引更多的人才加入乡村振兴队伍。

走中国特色乡村振兴之路,我们还要处理好以下四组关系。

一是长期目标与短期目标的关系。乡村振兴战略管全面、管

---

[1] 习近平:《把乡村振兴战略作为新时代"三农"工作的总抓手》,《求是》2019年第11期。
[2]《中共中央印发中国共产党农村工作条例》,《人民日报》2019年9月2日。

长久，我们要遵循乡村建设规律，按计划、按步骤实施推进，任何贪大求快和急于求成的行为都难免遭受挫折和失败。所谓长期目标，就是把实施乡村振兴战略统一于农业农村现代化，确保农业农村现代化和社会主义现代化建设总目标同步推进、同期实现，始终保证农业农村现代化在社会主义现代化布局中不落后、不掉队。所谓短期目标，就是找准突破口，排出优先序，把长期目标分解为多个短期目标。例如，2018年中共中央、国务院印发了《乡村振兴战略规划（2018—2022）》，这是我国出台的第一个全面推进乡村振兴战略的五年规划，是统筹谋划和科学推进乡村振兴战略的行动纲领。

二是顶层设计与基层探索的关系。党的十九大报告、《中共中央关于实施乡村振兴战略的意见》（2018年一号文件）、《中共中央国务院关于农业农村优先发展做好"三农"工作的若干意见》（2019年一号文件）、《中国共产党农村工作条例》等政策规定的出台，为乡村振兴作了充分的顶层设计。在制定具体的实施方案时，要坚持农民在乡村振兴中的主体地位，发挥亿万农民的主体作用和首创精神，做到因村制宜、精准施策。截至目前，各地的乡村振兴（5年）规划都已经细化到乡镇，为积累基层经验打下了重要基础，也为今后我们进一步完善顶层设计创造了空间。

三是充分发挥市场决定性作用与更好发挥政府作用的关系。产业兴旺是乡村振兴的产业基础和第一要求。实施乡村振兴战略，要以完善产权制度和要素市场化配置为重点，激活主体、激活要素、激活市场；要创新农业生产经营体制机制，以市场需求为导向，推动农业发展、农民增收；要大力推进农业供给侧结构性改革，调整农业结构、更好地适应市场。要发挥政府规划引导、政策支持、市场监管、法治保障等方面的积极作用，牢牢把控农村改革的基本方向。习近平总书记多次强调："不管怎么改，不能把农村土地集体所有制改垮了,不能把耕地改少了,不能把粮食产量改下去了,不能把农民利益损害了。"[1]

四是增强群众获得感与适应发展新阶段的关系。坚持以人民为中心的发展思想,在"三农"工作中,就是指要围绕农民群众最关心最直接最现实的利益问题,加快补齐"三农"短板、夯实"三农"基础,确保"三农"在全面建成小康社会、全面建设社会主义现代化国家征程中不掉队。同时也要注意,实施乡村振兴战略要从实际出发,不搞超前发展,不搞形式主义,不搞形象工程。改善民生不能脱离各地具体实际,而要根据经济发展和财力状况逐步推进。实施乡村振兴战略,以增强群众获得感作为发展目标,尊重发展新阶段的客观实际,才能确保乡村振兴的各项举措有据可依、做真落实。

---

[1]《十八大以来重要文献选编》(上),中央文献出版社 2014 年版,第 671 页。

17 怎样把握新时代生态文明思想的总体逻辑？

吴海江　复旦大学马克思主义学院教授、博士生导师
徐伟轩　复旦大学马克思主义学院博士研究生

一　疑难问题

美丽中国是建设新时代社会主义现代化强国的重要目标之一。习近平新时代生态文明思想依据国家现代化水平与生态文明的张力，以马克思恩格斯的"人化自然"和中华优秀传统文化的"天人合一"为渊源，通过顶层设计、综合分析、制度建设，形成了系统完整的历史、理论和实践逻辑。这一新理论蕴含着以习近平同志为核心的党中央对生态治理和环境保护的规律性认识，阐发了人与自然和谐共处的思想意蕴，描绘了面向未来建设美好生态家园的行动纲领。

在讲授"五位一体"总体布局中的"生态文明建设"部分的内容时，要重点对学生讲清楚"怎样把握新时代生态文明思想的总体逻辑"的问题。这有助于凸显习近平新时代生态文明思想是马克思主义普遍原理与中国具体实际相结合的最新成果，引导学生理解"什么是生态文明建设，为什么进行生态文明建设，如何

进行生态文明建设"的问题。而要实现这一教学目标，必须解决其中一个不易把握的教学疑难问题，即这一思想同社会主义现代化、马克思主义基本原理与中国传统文化以及治国理政新实践的逻辑关联。

二 教学解析

党的十九大围绕"加快生态文明体制改革，建设美丽中国"，以中国特色社会主义新的历史方位为起点，将美丽中国作为第二个百年奋斗目标的核心要素之一，并从绿色发展、环境治理、生态保护和体制监管四个层面，积极构建人与自然和谐共生的新格局。从历史、理论和实践三重维度解读新时代生态文明思想的总体逻辑，不但有助于我们把握新时代中国特色社会主义生态文明的发展脉络，而且对从生态视阈讲好中国故事、贡献中国智慧也具有重要意义。

（一）国家现代化与自然生态环境相互作用的历史逻辑

作为当今所有文明国家的共同主题，现代化从来都是一个复杂的运动过程。这种历史发展规律也就决定了人类对生态文明认识的阶段性特征。伴随机器、工厂推动的工业化时代，人们抛弃了同自然简约亲密相处的"田园主义"，以征服和宰制自然为价值取向的"帝国式论点"成为主流意识。19世纪到20世纪中叶正值西方工业化快速发展阶段，同时也是"公害发展期"。在此阶段，虽然空气污染、水污染、光污染的破坏范围不断扩大，危害程度日益加深，但人们关心的不是"自然是怎么样的"，而是我们能"利用自然做些什么"。直到20世纪50年代以后，一方面，随着发达资本主义国家工业化、城市化相继完成，人们对发展提出了更丰富的权利要求,对环境赋予了更严格的伦理规范,生态保护逐步演变为自觉的公众意识与社会运动;另一方面,经过百余年现代化的历史积累,西方国家已有充分的物质资源、体制机制和管理技术来系统解决生态问题。

人类社会发展的一般规律、现代性共通的价值追求使中国特色社会主义的生态文明历程,在特有境遇中依然呈现某些共性。在社会主义道路早期探索过程中,由于深受斯大林模式的影响,我们只是把现代化理解为工业化。改革开放初期,我们虽然逐步形成了具有中国特色的社会主义现代化道路,将节约资源和保护环境作为基本国策,但由于现代化尚处于低水平的准备阶段,在环境保护和资源节约方面缺乏必要的经济保障、技术支持、法律依据和政策引导,甚至在部分区域和行业出现为追求经济发展不惜牺牲自然环境的"GDP现象"。经济发展取得突出成就的同时,生态形势却日益严峻,随意、过度采掘资源现象严重,区域性、群体性环境污染频发。不可否认,经济与生态的冲突是现代化起步的普遍特征,但这种对立绝不是现代化的应然规律,"先污染、后治理""边污染、边治理"的发展模式也并非通达现代性的唯一道路。无论西方发达国家还是以中国为代表的发展中国家,对生态环境的历史认识与价值建构都呈现反复深化的过程。这既表现在基于生产力与生产关系中轴的现代化,由军事、工业层面向人类社会生活和全面发展的深化,也源于现代文明的生态危机激发人类检视和重塑现代与自然的关系。

经过改革开放40年的现代化积累,新时代生态治理虽然面临诸多遗留性、不可预见的挑战,但目前也处在最有能力实现、最为接近美丽中国理想的机遇期。

其一,新时代所依据的中国现代化的历史经纬和理想基座的张力,决定了生态文明必须置身于社会主义初级阶段的发展情境中，规制在增加社会财富的现代化框架中。习近平总书记深刻指出:"经济发展不应是对资源和生态环境的竭泽而渔,生态环境保护也不应是舍弃经济发展的缘木求鱼。"[1]当资本充当生产要素,利润原则作为社会需要不能被破除时,以现代化为导向的生态文明不可能借助消除生态危机抑制经济发展和资源使用,相反,在这些要素创造生产力的进步使命没有改变之前,必须将生态环境融入现代化经济体系的运作中。因此,以金山银山的资本效用驱动绿水青山的生态保护,也就成为新时代生态文明的现实需要。

其二,新时代人民群众的美好生活需要,不仅包含了物质和精神财富的满足,也包含了优美生态环境需要。新时代社会主要矛盾的变化,反映了人民群众对环境保护、资源节约的要求日益提升。正如习近平总书记指出:"随着经济社会发展和人民生活水平不断提高,环境问题往往最容易引起群众不满,弄得不好也往往最容易引发群体性事件。"[2]可以预见,生态环境必将成为新时代人民衡量美好生活的主要指标。基于此,生态治理对衡量政府有效性和人民认同感的紧迫,为从"人类中心"的被动冷漠到"自然优先"的主动复归提供了动力。

其三,新时代生态文明思想的历史出场,离不开实践主体在现代化活动中的条件准备。改革开放 40 多年的经济社会发展和政治文化建设,为生态文明提供了相应的物质基础、制度保障和舆论场域。具体来说,新能源革命与环保企业推动的产业化,《环境保护法》的修订与环保部门改革的机制化,环保意识和新发展理念的大众化,使生态文明与现代化在新时代的"共唱"成为可能。

---

[1]《习近平关于社会主义生态文明建设论述摘编》,中央文献出版社 2017 年版,第 3 页。
[2]《习近平关于全面建成小康社会论述摘编》,中央文献出版社 2016 年版,第 168 页。

习近平总书记强调,"建设生态文明是中华民族永续发展的千年大计","生态文明建设功在当代、利在千秋"[1]。新时代生态文明思想正以历史自觉的高度,立足于中国特色社会主义的最大实际,在总结世界各国现代化和我国改革开放经验教训的基础上,推进生态文明体制改革,建设美丽中国。

(二) 对马克思主义和中国传统文化自然观继承发展的理论逻辑

新时代生态文明思想正是通过对马克思主义"人化自然"和中国传统文化"天人合一"的时代性扬弃与民族性萃取,诠释了新时代生态文明应当遵循的协调性、持续性、联动性的基本原则以及人与自然、社会全面发展的最终目标。

1. 对马克思恩格斯自然观的继承与发展

马克思恩格斯没有提出"生态"概念,也不可能对环境问题进行系统研究,但其批判资本主义异化,昭示人类解放的思想学说中,一直贯穿着生态文明的核心命题——人与自然的关系。"没有自然界,没有感性的外部世界,工人什么也不能创造"[2]。众所周知,生产、劳动和工人是马克思主义的中心议题,但马克思恩格斯始终把自然界视为劳动创造和工人价值实现的基础,阐明人的自由发展也是自然的充分解放。对马克思恩格斯来说,自然界是人的无机身体,是人的肉体和精神生活同自然界自身的紧密联系。正如恩格斯解释的:"我们统治自然界,绝不像征服统治异族人那样,绝不是像站在自然界之外的人似的——相反地,我们

---

[1] 习近平:《决胜全面建成小康社会 夺取新时代中国特色社会主义伟大胜利——在中国共产党第十九次全国代表大会上的报告》,第23、52页。
[2]《马克思恩格斯文集》第1卷,人民出版社2009年版,第158页。

连同我们的肉、血和头脑都是属于自然界和存在于自然界之中的。"[1] 这种对自然的刻画已经超脱"笛卡尔式的冷漠"（自然是僵化的惰体），真正将自然作为富有美感、灵性的存在物。习近平总书记反复强调，环境就是民生，青山就是美丽，蓝天也是幸福，要像保护眼睛一样保护生态环境，像对待生命一样对待生态环境。新时代生态文明思想的突出特点，即是在话语风格与情感表达中，以非工具理性的体验图景规约自然的特有价值，这无疑是对感性的、生命性的和自组织性的马克思主义自然观的传承。

更要看到，人与自然的关系归根到底取决于人与人共同活动的社会关系，即"只有在社会中，自然界才是人自己的合乎人性的存在的基础，才是人的现实的生活要素"[2]。在马克思恩格斯看来，文明不是简单意义的自然赏赐，毕竟"自然界没有造出任何机器，没有造出机车、铁路、电报、自动走锭精纺机等等"[3]。尊重、顺应和保护自然不是消极被动的，人类必须在与自然的互动中，确证自己的类本质和能动性。正如恩格斯说："我们对自然界的整个支配作用，就在于我们比其他一切生物强，能够认识和正确运用自然规律。"[4] 这种对自然的"统治"并非简单征服或粗暴改造，而是在尊重自然规律的基础上对其加以利用。生态问题"有的来自不合理的经济结构，有的来自传统的生产方式，有的来自不良的生活习惯等"[5]。显而易见，新时代生态文明思想从不脱离生产方式和生活形式抽象谈论人与自然的关系。习近平总书记强调的"生态为民、生态惠民、生态利民、生态富民"的

---

[1]《马克思恩格斯文集》第9卷，人民出版社2009年版，第560页。
[2]《马克思恩格斯文集》第1卷，人民出版社2009年版，第187页。
[3]《马克思恩格斯文集》第8卷，人民出版社2009年版，第197—198页。
[4]《马克思恩格斯文集》第9卷，人民出版社2009年版，第560页。
[5] 习近平：《之江新语》，浙江人民出版社2007年版，第49页。

普惠原则,以及"努力把建设美丽中国化为人民的自觉行动"[1],更明确了新时代生态文明不在于隔断人与自然的联系,而是以人与人的矛盾解决,复归人与自然的本真意义,显现了"人民主体"的价值立场。

马克思恩格斯的相关论述立足的自然是镌刻劳动印记的"人化自然",关照的是消灭资本逻辑,合乎美的规律的"自然的人化"。他们认为,"社会化的人,联合起来的生产者,将合理地调节他们和自然之间的物质变换,把它置于他们的共同控制之下,而不让它作为一种盲目的力量来统治自己"[2]。只有在共产主义社会,人才能在与自然的交往联系中,意识到自己是自然的一部分。由此,一切对自然的需要和享受都丧失了利己主义性质,人不再因为自然的价值效用而保护自然,尊重自然成为人的主动需要。习近平总书记认为:"生态环境是关系党的使命宗旨的重大政治问题,也是关系民生的重大社会问题。"[3]新时代生态文明思想始终有着一条社会主义的制度红线和"以人民为中心"的价值规约。虽然物与物的占有、索取和破坏关系无法被立即破除,新时代生态文明需要利用资本,扩大生产,刺激消费,但这绝非等同于对滥用资本、无序生产和单向度的人的认同。时代在变化,理论在发展,马克思主义也需要在保持一般原理稳定性的同时,被给予进步性的"内容供给"与"形式创新"。新时代生态文明思想没有教条式地生搬马克思恩格斯的只言片语,而是强调基于审慎的方法利用资本,以务实的态度发展生态经济,既不屈从于科

---

[1] 《习近平关于社会主义生态文明建设论述摘编》,中央文献出版社 2017 年版,第 4、116 页。

[2] 《马克思恩格斯文集》第 7 卷,人民出版社 2009 年版,第 928 页。

[3] 《习近平在中共中央政治局第六次集体学习时强调 坚持节约资源和保护环境基本国策 努力走向社会主义生态文明新时代》,《人民日报》2013 年 5 月 25 日。

技中心主义盛行的工业时代，也有别于后现代主义描绘的田园世界。

2. 对中国传统"天人合一"思想的传承与重塑

习近平总书记曾指出："中华文明传承五千多年，积淀了丰富的生态智慧。"[1] 中国优秀传统文化从不缺乏尊重自然的思想元素，无论是儒家描绘的大同社会，还是道家秉持的"道法自然"，都追求"天人合一"的和谐境界。这里的"道""天"虽然不是人与对象性的自然界的统一，却包含遵循万物自然存在的广阔意境。"天地不仁，以万物为刍狗；圣人不仁，以百姓为刍狗"。老子就认为万物虽然形态不同，但都要遵循合乎规律性的道法。庄子则进一步阐述为"以道观之，物无贵贱"。在道家看来，达成万物的共生共在，就在于人要肯定万物的生命价值和运动规律。而从先秦时期的"子钓而不纲，弋不射宿""万物各得其和以生，各得其养以成"，到宋明理学的"天以直养万物，代天而理物者，曲成而不害其直，斯尽道矣"，儒家将"万物并育而不相害"上升为天地运行的理想境界，强调人与万物发生作用时，要遵从万物"和合共生，美美与共"的德性。总之，无论是道家、儒家，还是农家、墨家，都具有肯定自然价值、尊重自然规律的思想基底。即使两汉之后作为中国封建社会的统治哲学，儒家的"天人感应"思想也蕴含约束统治者及百姓无度破坏自然的意涵。由此，中国传统的"天人合一"理念凭借"圣王之制""寡欲节用"，渗透到政治伦理和群体生活之中。

从社会主义理论发展及其谱系看，马克思主义中国化离不开对优秀传统文化的营养汲取，社会主义科学化民族化大众化的发

---

[1]《习近平关于社会主义生态文明建设论述摘编》，中央文献出版社 2017 年版，第 6 页。

展趋向，也要求新时代中国特色社会主义思想将优秀传统文化作为理论养料。从习近平总书记的重要论述看，无论是"人与自然是生命共同体"的理念，还是"良好的生态环境是人和社会持续发展的根本基础"的论断，都蕴含着对"环境如水，发展如舟，水能载舟，亦能覆舟"的朴素自然观的溯源。新时代生态文明思想彻底打破了"唯生产力论"的苏联社会主义模式，也迥异于物欲横流、享乐至上的西方科技-工业文明。这不仅源自科学社会主义的正本清源，也是对优秀传统文化"辅相天地之宜""寡欲节用"的现代性重塑。

（三）"五位一体"总体布局对生态治理现实建构的实践逻辑

新时代生态文明思想不仅对古今中外人和自然的关系进行历史总结和理论革新，也在"五位一体"总体布局的建设中对生态治理规律进行了把握。以习近平同志为核心的党中央提出诸多关于生态文明建设的战略，如"打赢蓝天保卫战""实施水污染防治行动计划""落实土壤污染防治行动计划""开展农村人居环境整治行动"等。[1] 无论是按照顶层设计厘清并遵循生态发展规律，还是通过系统工程构建生态治理体系，抑或是以制度建设确保生态文明标准，都印证了新时代生态文明思想的现实性和有效性不在于抽象的理解，而在于实践的确证。

1. 新时代生态文明思想的实践品质是从时空角度，对国内国际生态环境新状态、新局面、新阶段的顶层审视

从国际看，一方面，以绿色、可持续为核心的发展成为21世纪的重要目标，生态安全在国际关系中的地位日益突出，环境质

---

[1]《习近平在全国生态环境保护大会上强调　坚决打好污染防治攻坚战　推动生态文明建设迈上新台阶》，《人民日报》2018年5月20日。

量与生态治理水平已成为衡量国家综合实力和国际竞争力的重要内容。另一方面，西方社会不断提出诸如"稳态经济""静态经济"等概念，但都因受制于发展与保护的对立思维，面临着方法论的困境。迄今为止，发达资本主义国家生态改善卓有成效，却离不开以邻为壑的危机转嫁。殖民理论鼓吹这是历史的宿命，后现代主义除了愤怒之外，对之别无它法，生态治理亟待新思想、新理论的出现。对中国来说，文明型社会主义大国身份决定其需要承担本国自然保护与全球生态治理的双重责任。

新时代生态文明思想的突出特点就在于结合国情社情世情，以"五位一体"总体布局突破工业文明的"生态保护/经济增长"的二元关系。新时代中国特色社会主义已不再仅要求经济数字简单地翻几番，而要求通过顶层设计和总体规划，更加注重内涵式、集约型发展，形成发展质量与效益的统一。"小康全面不全面，生态环境质量是关键"。新时代生态文明思想正是以对当代中国发展方向的精准把握，在"五位一体"总体布局中形成摸着石头过河与顶层设计、试点推广与统筹规划的辩证统一，来增强生态文明建设的主动性和创造性。

2. 新时代生态文明思想必须运用在"五位一体"总体布局的完整体系中，才能充分发挥理论的力量

美丽中国不仅仅是绿水青山，同样包含美丽经济、美丽社会等多重意涵。生态环境具有鲜明的外部性特征，但新时代生态文明并不排斥市场与企业在绿色经济、循环经济和低碳经济中的决定作用和主体角色。就本质而言，生态保护与开发是公共治理问题，新发展理念、绿色消费观念、环境保护意识和生态道德伦理在其中的作用是持久性的。生态文明建设是一项规模宏大的系统工程，如果我们将"头痛医头、脚病医脚"的思路嫁接到生态治理上，不仅会忽略生态主体的结构性、复合性特点，也违背了自

然界的系统性特质。正如习近平总书记指出："用途管制和生态修复必须遵循自然规律,如果种树的只管种树,治水的只管治水,护田的单纯护田,很容易顾此失彼,最终造成生态的系统性破坏。"[1]

从长江黄金水道建设,到崇明岛湿地以及阿拉善沙漠的治理,新时代生态文明思想由理论到指导实践,就是要求全社会力量在党的统领下,将生态文明建设同供给侧改革、发展共享经济紧密结合起来,通过干部考核、责任监察的行政改革和公众参与的社会治理现代化,形成可持续发展的空间布局、产业结构和生活方式。总之,所有的生态问题及其治理都离不开整体思维和统筹规划。无论经济政治改革,还是文化社会建设,都必须将发展绿色经济、优化生态治理、培育低碳生活融入其中。习近平总书记强调:"在生态环境保护上一定要算大账,算长远账,算整体账,算综合账。"[2]也就是说,要以系统工程思路抓生态建设。新时代生态文明建设在"五位一体"总体布局的实践视阈中,不同于传统观念那样仅仅将生态环境视为人与社会关系的某个独立侧面,而是以综合、全面、系统的整体思维搭建生态文明治理体系,实现当前利益与长远利益、局部利益和整体利益的统一。

3. 新时代生态文明思想要求以体制改革和制度建设的表现形式,推进生态文明建设

如果仅仅依靠理论的演绎或价值的倡导,最终可能滑向"悬设"的陷阱。要使生态问题达成"善治"之效,需要以有形的制度来规约人与自然的关系。改革开放以来,虽然环境保护、资源

---

[1] 习近平:《关于〈中共中央关于全面深化改革若干重大问题的决定〉的说明》,《人民日报》2013年11月16日。
[2] 《习近平在云南考察工作时强调 坚决打好扶贫开发攻坚战 加快民族地区经济社会发展》,《人民日报》2015年1月22日。

节约的意识氛围不断被强化，我国生态形势却日趋严峻，发展在一段时期呈现高投入、高污染、高消耗、低效益的结构特征。产生这些现象的重要原因在于生态保护理论及其意识宣传并未在制度建设中得到落实。粗放利用、过度采掘屡禁不止、区域性的环境污染高频次发生，这些顽疾的存在恰恰在于法律制度、责任制度、管理制度、产权制度以及参与制度的缺失和滞后。生态文明是一场涉及生产方式、生活方式、思维方式和价值观念的制度性变革。"我们在资源开采、储运、生产、消费等各个环节还存在着大量损失浪费现象，其中一个重要的原因就是管理松懈，监督不严"[1]。基于此，只有实行最严格的制度、最严密的法治，才能为生态环境建设提供可靠保障。

新时代生态文明思想不回避生态环境外部性特征与某些机会主义倾向的挑战，而以考核评价、执法管理、社会监督、责任追究、产权明确的制度化、法治化，建立起政府责任明晰化、行政执法规范化、社会参与长效化的多元主体积极有为的共治机制，确保以生态功能保障基线、环境质量安全底线、自然资源利用上线为内容的生态治理标准。生态治理的制度建构不但没有使新时代生态文明思想被束之高阁，反而使之在治国理政实践中实现了从理论到现实、从理想到制度、从传统管理到现代治理的转变。

---

[1] 习近平：《之江新语》，浙江人民出版社2007年版，第173页。

18 如何深刻理解人类命运共同体思想？

李 健　复旦大学马克思主义学院博士后

一　疑难问题

党的十八大报告首次明确提出人类命运共同体思想。党的十九大报告进一步将人类命运共同体思想确立为习近平新时代中国特色社会主义思想和基本方略之一。人类命运共同体思想是以习近平同志为核心的党中央坚持走和平发展道路、积极构建稳定国际秩序的实践升华，集中体现了新时代中国特色大国外交的精神要义。从构建人类命运共同体思想出发，我们通过阐释这个问题背后的逻辑理路，能够清晰地了解它在"习近平新时代中国特色社会主义思想概论"课中的重要地位。

在教学过程中，让学生理解人类命运共同体思想的内涵并不难，但要想使其深刻把握这一思想则是一个教学难点。因为学生在日常生活和学习过程中会对这个思想产生一定的兴趣，这一兴趣将伴随着许多疑问而展开，譬如：为何要提出人类命运共同体思想？它的理论基础、现实依据和内在价值是什么？这一思想有何现实意义？等等。要想弄清楚这些问题，我们就要引导学生将视野放置于国际大环境和人类的前途命运上,帮助学生理解以下知识:人类命运共同体思想的提出具有重大的战略意义,它是依据马克思主义经典文本的新阐发,是立足全球化时代的新理念,更是立足于全人类视野的新主张。因此,全面深刻理解人类命运共同体思想,重点解读这一思想与习近平新时代中国特色社会主义思想的联系,成为我们在教学过程中需要讲好的问题。

二 教学解析

深刻理解人类命运共同体思想,是顺应时代发展潮流、传播全球治理新理念、解决世界难题和展望人类未来发展的重要基础。这一思想背后有着深厚的逻辑支撑,主要围绕以世界历史为基础的理论逻辑、以解决全球问题为目标的现实逻辑和以实现人类利益为中心的价值逻辑。

(一)以马克思的世界历史思想为基础的理论逻辑[1]

人类命运共同体思想并不是无源之水、无本之木,而是有着坚实的理论基础,是对马克思世界历史理论的继承和发展。不了解马克思的世界历史理论,就不能深刻领会人类命运共同体思想的当代价值和历史意义。这就要求我们必须深入学习马克思关于世界历史的经典论述,以宏阔的人类视野和深厚的理论底蕴来进

---

[1] 马克思恩格斯说:"各民族的原始封闭状态由于日益完善的生产方式、交往以及因交往而自然形成的不同民族之间的分工消灭得越是彻底,历史也就越是成为世界历史。"参见《马克思恩格斯文集》第1卷,人民出版社 2009 年版,第 540—541 页。本文使用的"世界历史"概念专指马克思所说的世界历史。所以本文所述"世界历史"并非是通常的、历史学意义上的世界史,而是各民族和国家相互影响、相互渗透、相互制约,从而使世界一体化以来的历史,其形成取决于生产力、分工和交往的发展。

一步澄清人类命运共同体得以存在的现实可能性以及历史必然性。

马克思世界历史理论的最大价值在于，打破了黑格尔为世界历史设下的牢笼，将其从绝对精神的逻辑演进中脱离出来，置身于现实的物质生活。这一现实化展开规定了世界历史的唯物主义特征，即"人们的观念、观点和概念，一句话，人们的意识，随着人们的生活条件、人们的社会关系、人们的社会存在的改变而改变"[1]。在此意义上，世界历史立足于社会现实，以资本主义的产生、发展和衰亡史为主要研究内容，以共产主义的实现为最终目标。

物质生产与人们交往方式的扩大化成为开辟世界历史的必要条件。从资本主义的现实状况出发，世界历史的发展由先前的原始积累、殖民掠夺和战争等形式，逐渐转变为一种由世界市场主导的资本主义生产方式，并赋予整个资本主义世界历史以典型的资本扩张属性，其随着交往范围的扩大化与复杂化而呈现出不平衡、不充分的基本特点。

首先，世界历史与资本的形成具有同期性。资本主义生产方式的确立需要具备两个前提条件：一是无产者的生成，他们是拥有人身自由但却没有生产资料的人；二是货币资本的积累，这为组织资本主义大生产提供了必要的物质准备。在 16—18 世纪，新兴资产阶级和贵族通过殖民掠夺和奴隶贸易等形式促进了生产者同生产资料的分离和货币资本的积累，推动机器化大工业时代的来临。如果说，资本的原始积累对资本主义开辟世界历史起到准备作用的话，那么社会化大生产对资本主义开辟世界市场起着决定性作用。社会化大生产在此发挥着两个功能。一是社会化大生产的本质是一种商品生产。既然是商品生产，它的内在属性是获

---

[1]《马克思恩格斯文集》第 2 卷，人民出版社 2009 年版，第 50—51 页。

得利润，这就使其要求不断扩大市场，将生产和交往的范围扩展到整个世界。二是资本主义依靠资本开辟世界历史。它的动力是资本的本性导致，即无限制地攫取最大利润，这是世界历史能够向前发展的主要手段。一方面，资本消灭旧的生产关系，建立新的生产关系，促进了资本的自由流动和积累；另一方面，资本要求不断开辟世界市场，以此提供自由劳动力，加剧自由竞争。在此，人类社会从地域历史向世界历史转变，不但要以生产力、生产方式的高度发展作为前提，同时也是国际分工、世界市场和国际交往发展的必然产物，这一历史过程与资本的形成具有同期性。

其次，交往的发展同时也是世界历史的形成史。在《不列颠在印度统治的未来结果》一文中，马克思指出："资产阶级历史时期负有为新世界创造物质基础的使命：一方面要造成以全人类互相依赖为基础的普遍交往，以及进行这种交往的工具；另一方面要发展人的生产力，把物质生产变成对自然力的科学支配。"[1] 正是因为交往的普遍性打破了地区和民族之间的界限，人与人之间的交往范围不再局限于民族内的狭隘区域，交通工具、通信手段方式的多样化更为跨国贸易、交流等活动提供了便利。从局域性的民族交往到普遍性的世界交往的转变，在一定程度上促进了经济、文化和政治的传播，并对民族国家带来了一定的冲击。正如马克思所言："过去那种地方的和民族的自给自足和闭关自守状态，被各民族的各方面的互相往来和各方面的互相依赖所代替了。物质的生产是如此，精神的生产也是如此。"[2] 在世界交往普遍化的进程中，交往的发展使历史从个人走向共同体，使单个民族

---

[1]《马克思恩格斯文集》第2卷，人民出版社2009年版，第691页。
[2] 同上书，第35页。

国家的历史走向了世界历史。更进一步说，交往不仅是生产活动的交往，更是人与人的交往。

世界历史的发展不仅伴随着资本主义的运动史，还与共产主义的目标紧密相连。在马克思的理论设想中，共产主义作为一种新的社会形态，将在资本主义灭亡之后出现。如今，现实层面上这种共产主义的全面到来还远未达到马克思所希冀的那样。但是，人类命运共同体的提出无疑为其提供了新的思考方式和阐释路径。

这里思考的重点立足于回答在处于资本主义尚存和共产主义尚未到来时，世界历史该往何处去？进入21世纪，当代资本主义面临着各种困境，2008年的金融危机就是一个突出的表现，前有萨科齐当选为法国总统后左翼的愤怒，后有福山宣布历史终结论后对资本主义制度的反思。如今，逆全球化、贸易保护主义、财富分化加剧、文明冲突的升级等潮流逆流而上，这些潮流背后都体现了资本主义自救的方式和迂回反抗，从反面证明了资本主义曾经带来过比以往任何一个时代都无法比拟的繁荣，但也将人类带入了无尽的痛苦和矛盾之中。资本主义危机的背后是不可调和的生产方式危机，表现为资本主义生产资料的私有制性质与生产社会化之间的矛盾关系。正是在这种情境下，西方左翼学者们喊出：这个时代是复兴共产主义最好的时代。[1] 21世纪的共产主义复兴意味着我们需要回到19世纪创立共产主义理论的马克思那里，在新情势下重新找到实现共产主义的可能性道路。马克思始终将对这一问题的思考与人类自身发展的历史紧密结合在一起，

---

[1] 参见科斯塔斯·杜兹纳（Costas Douzinas）、齐泽克（Slavoj Žižek）等在2009年"共产主义观念"国际大会上提交的论文集《共产主义观念》（*The Idea of Communism*），其中第一篇巴迪欧的《共产主义观念》（*The Idea of Communism*）的末尾，表述了"在人们的意识中赋予共产主义观念将是共产主义存在的第三个时代"的观点。

认为历史演进的最终结果是实现人的自由而全面的发展。在这一过程中，人类需要实现从民族性的区域史走向世界历史，需要实现从人的孤立走向人的联合。资本主义发展阶段为社会主义和共产主义的发展提供了必需的物质条件。而这一条件一旦成熟，真正的人类社会将是一个包含每个人的所有人的共同体，它不仅是个人自由的最大化实现，还是作为社会的人的共同利益的实现。在此背景下，人类命运共同体理念的提出恰逢其时，其旨在扭转资本主义主宰的世界历史进程，改变人与人的交往方式，将各个国家置身于一个国际化的整体性视野中。它意味着欧洲中心主义视角下的世界历史将被取代，随之而来的是一个全人类联合起来的共同体，是世界各国共命运的时代。在当今时代，各国应共谋和平与发展，出发点应是全世界而非个别国家。正因为如此，各国人民同心协力构建人类命运共同体，不是中国的一厢情愿，而是各国人民共同的美好愿景。

（二）以解决全球问题为目标的现实逻辑

人类命运共同体的意义在于，它是一种立足于人类未来走向而形成的解决全球问题的新理念。它意在解决世界体系下经济与政治和社会关系相分离的趋势，将各个国家通过共同体的形式更加紧密地联系在一起。正如习近平总书记所言："人类命运共同体，顾名思义，就是每个民族、每个国家的前途命运都紧紧联系在一起，应该风雨同舟，荣辱与共，努力把我们生于斯、长于斯的这个星球建成一个和睦的大家庭，把世界各国人民对美好生活的向往变成现实。"[1] 在此，人类命运共同体思想不是一种单向

---

[1] 习近平：《携手建设更加美好的世界——在中国共产党与世界政党高层对话会上的主旨讲话》，人民出版社2017年版，第4页。

性的处理国际关系的外交策略,而是融入全球治理、处理全球危机的新时代方案。

之前的情形是,资本主义国家实行的新自由主义政策原本是想解决问题,但其本身却构成了问题的一部分。甚至可以说,这些国家的空间占有影响了整个国际体系的结构。现在它们已经带来了不均衡的地理发展态势和资源分配状况,表现出了通过牺牲他人来满足自身利益的企图,这种行径不利于世界向着共同体的方向发展。事到如今,问题不再是经济积累的结构性危机,而是国家治理体系危机,更本质的是全球化危机。这种全球化危机体现为国际秩序的无序化。世界的时代背景正在发生剧变,国际秩序正进入由"旧的有序"向"新的有序"过渡的"无序"阶段。在"无序"阶段,争取人类自由和平等的斗争首先是从共同体理念开始的,只有在这一价值观的引领下,国际政治经济新秩序才有望朝着更好的方向发展。

人类命运共同体的构建把握住了全球化时代的第一个特点,当今时代已经进入了资本全球化时期,这一时代特征决定了资本主义发展陷入矛盾的根本症结。随着历史日益转变为世界历史,人类已经走向全面的交往,各民族的历史道路已经走向互相影响、互相制约的局面。但是也出现了以前没有出现过的新问题,如资本主义为了自身的发展而采取了一些改良性的社会主义举措。可以肯定的是,在后全球化背景下,资本主义国家做出了很多的调整,这一度让福山认为历史终结,从而反对社会主义制度的存在。但是当2008年金融危机发生后,资本主义再次陷入危机,资本主义的全球化扩张的动因依旧是资本逐利,其内生性矛盾无法根除。也正是由于资本主义全球危机的频发,各种处理危机的方法和手段变得越来越少,使得资本主义国家在资本全球化的世界历史时期陷入被动局面。与此不同的是,人类命运共同体思想以整体性的思维方式,主张"为建设持久和平、普遍安全、共同繁荣、开放包容、和清洁美丽的世界而奋斗"[1]。这是一种囊括了经济、政治、文化、社会和生态等方方面面的新型全球治理观,这种观念以一种更加包容的方式处理资本主义生产方式所带来的利害关系,力图用共同体的理念在新时代背景下找到维持各国利益的最大平衡点,以此为混乱的国际秩序和全球治理带来生机,为人类历史发展增添色彩。

人类命运共同体的构建把握住了全球化时代的第二个特点。在资本全球化时代,世界历史的最终关注点不是资本问题,而是人类的共同历史使命。如今战争、自然灾害、生态污染等成为国家之间需要共同面对的问题,这些问题的解决需要更新以往的利己主义思维方式,超越传统的资本主义与社会主义的制度和意识形态方面的框架,在新的人类命运共同体的高度思考人类的未来与历史命运。正如习近平总书记所指出的,已经"没有哪个国家能够独自应对人类面临的各种挑战,也没有哪个国家能够退回到自我封闭的孤岛"[2]。世界走向一体化的条件是生产力的发展和经济的联系日渐密切,但是人类命运共同体已经不单单是经济意义上的,更多的是指一种政治、文化、社会和生态意义上的全方位的发展。这种情形意味着真正的处理国际关系的出发点一定是全世界,而非单个国家。只有积极地参与到全人类发展的事业中,才能实现一种多元化的动态发展。

---

[1] 习近平:《在庆祝改革开放40周年大会上的讲话》,人民出版社2018年版,第34页。

[2] 习近平:《决胜全面建成小康社会 夺取新时代中国特色社会主义伟大胜利——在中国共产党第十九次全国代表大会上的报告》,人民出版社2017年版,第58页。

(三) 以实现人类利益为主旨的价值逻辑

"大道之行也,天下为公"[1]。在价值理念上,西方中心论越来越受到批判,把人类社会作为一个整体加以考虑的思维方式——人类命运共同体意识开始得到传播。我们的目标已经不局限于本国的发展,而是着眼于人类的整体利益。这种目标即是通过和平发展、共同发展来构建人类命运共同体,是把世界建设得更美好,是满足全人类对于美好生活的期待。

2011年9月,中国政府发布的《中国的和平发展》白皮书以"命运共同体"这一全新思路诠释各国合作的路径,指出"要以命运共同体的新视角,以同舟共济、合作共赢的新理念,寻求多元文明交流互鉴的新局面,寻求人类共同利益和共同价值的新内涵,寻求各国合作应对多样化挑战和实现包容性发展的新道路"[2]。通过这段话,我们可以找到共同体成立的两个条件,一是共同利益,二是共同价值。利益和价值构成了一对矛盾。建立在共同价值基础上形成的利益能不能最大程度地满足世界各国人民的利益?国家之间的利益观和价值观一定存在着差异,但这并不意味着不可能达成共识。在利益和价值两者的关系中,仅仅坚持利益观是不对的,而是要坚持正确的义利观,正所谓"义利相兼,义重于利"[3]。这里的"义"指的便是道义,它是建立在共同价值观基础上的。进言之,如果利益是能够享受到的权利,那么价值便是为人类文明和美好生活更好发展而承担起的责任。面对世界和平与发展的整体趋势,我国提出的方案是共赢共享。这里,由谁来共赢共享这些成果?答案当然是全世界人民。

---

[1] 引自《礼记·礼运》。
[2] 《中国的和平发展 (2011年9月)》,人民出版社2011年版,第24页。
[3] 《习近平谈治国理政》第2卷,外文出版社2017年版,第523页。

人类命运共同体理念将重点聚焦于实现什么样的"人"。安东尼·克罗斯兰在《社会主义的未来》一书中的回答是有道理的，如今已经进入了一个不仅仅探讨资本主义—社会主义的争论和社会主义的定义的时期，应该更着眼于福利、自由、社会公平等重要问题。这句话的言外之意是，无论是社会主义还是资本主义，其最终目的都是聚焦于满足社会现实和人的需要。继18世纪西方主体理论确立、黑格尔把人的主体性发挥到极致以后，人的自由被视为历史发展的本质及其导向，从而进一步把历史的中心转移到人类本身。人类并非是孤立存在的，而是处于一定的共同体中。当然，对于共同体这个概念，西方早已有之。我们提出的"人类命运共同体"与西方的共同体有着本质的区别。从个人与集体的角度而言，西方共同体的基础是原子化个人，我国所提出的人类命运共同体的基础是集体。它代表着大多数人，但不能归结为个人或个别集团。它代表着大多数人的利益，但不能就此归结为个人利益或单个国家利益。因为个人关系只有置于社会关系的视角之中才能获得理解。推及至世界各国而言，各个国家需要转换立场，从国家主体立场转化为人类主体立场，形成"你中有我，我中有你"的良好氛围。

面对全球性问题的挑战，我们要把人类的利益置于各个国家的利益之上。如今，我们面临的共同难题包括治理赤字、信任赤字、和平赤字、发展赤字，面临的共同挑战包括霸权主义、强权主义、保护主义、单边主义，面临的共同危机包括战乱、恐怖袭击、饥荒、疫情、传统安全和非传统安全问题等。在共同难题、共同挑战和共同危机面前，我们需要回答的一个问题是："合作还是对抗？开放还是封闭？互利共赢还是零和博弈？"[1] 如何回答

---

[1]《习近平新时代中国特色社会主义思想学习纲要》，学习出版社、人民出版社2019年版，第209页。

这一问题，关乎各国利益，关乎人类前途命运。人类命运共同体聚焦整体性的视野回应这一问题，致力于构建更加合理和公正的国际秩序。因为"什么样的国际秩序和全球治理体系对世界好，对世界各国人民好，要由各国人民商量，不能由一家说了算，不能由少数人说了算"[1]。人类命运共同体正是这样一个新的"和合体"。只有尊重他者，求同化异，才是构建人类命运共同体的现实路径。"和合"是中华文化最核心的内在精神标志。以孔子"和为贵"为代表的中华和合精神，体现了民族精神和生命智慧的结合。以人伦关系为主轴的"和合"价值观和行为追求，是中华民族传统文化的重要特征。它注重强调人与自然、人与社会、人与他人和人与自身的和谐融合，是人类命运共同体理念得以展开的文化积淀。基于此，不同特质的文化形态都能在人类文明这片土地上存活和发展。以"和合"价值观审视世界秩序的合理和公正，实质上体现了人类文化的多样性和世界的包容性，映衬出各国各民族发展道路的多样性。

将人类命运共同体的价值理念转化为实际的行动，将成为各国人民共同的职责和使命。发展中国家由于自身的历史条件和传统因素的影响，在国际环境中还处于弱势地位，成为发达国家进行掠夺资源、发动战争和不公平交易的主要对象。我国实行人类命运共同体理念是希望实现所有国家，尤其是发展中国家与世界的良性互动，既通过国际环境发展自己，又通过更加合理的理念推动世界和平，目标是"使全球治理体系更好地反映国际格局的变化，更加平衡地反映大多数国家特别是新兴市场国家和发展中

---

[1]《习近平新时代中国特色社会主义思想学习纲要》，学习出版社，人民出版社2019年版，第218页。

国家的意愿和利益"[1]，最终让共同发展、共同繁荣和公平正义的理念传遍全世界。

所以，人类命运共同体思想立足于历史、现实和未来，拓宽了马克思的世界历史理论；立足于全球危机和人类未来发展方向，提供了解决问题的中国方案，进一步丰富了21世纪的马克思主义；立足于整体视野和人类利益，肯定了人的主体性地位。同样，我们要清醒地认识到，全球化时代所产生的问题在今天更加突出，这就意味着实现共产主义的过程必将是艰难而久远的。所以，只有大力推进与实践人类命运共同体思想，顺应历史的发展潮流，坚持中国特色社会主义，坚持世界历史发展的理论逻辑，坚持解决全球化问题的实践指向，坚持实现人类利益的价值指向，才不会使我们失去前所未有的历史大转型的机遇。

---

[1]《习近平新时代中国特色社会主义思想三十讲》，学习出版社2018年版，第295页。

19 如何理解文明交流互鉴的思想要义？

吴海江　复旦大学马克思主义学院教授、博士生导师
徐伟轩　复旦大学马克思主义学院博士研究生

一　疑难问题

  文明因多样而交流，因交流而互鉴，因互鉴而发展。习近平总书记深刻指出："人类只有肤色语言之别，文明只有姹紫嫣红之别，但绝无高低优劣之分。认为自己的人种和文明高人一等，执意改造甚至取代其他文明，在认识上是愚蠢的，在做法上是灾难性的！如果人类文明变得只有一个色调、一个模式了，那这个世界就太单调了，也太无趣了！我们应该秉持平等和尊重，摒弃傲慢和偏见，加深对自身文明和其他文明差异性的认知，推动不同文明交流对话、和谐共生。"[1] 文明交流互鉴是习近平总书记关于对外开放论述的重要内容，是习近平新时代中国特色社会主义思想的新创造。

  作为具有历史厚度、理论深度和时代温度的创新表达，新时

---

[1] 习近平：《深化文明交流互鉴　共建亚洲命运共同体——在亚洲文明对话大会开幕式上的主旨演讲》，人民出版社 2019 年版，第 6 页。

代文明交流互鉴在破除普遍与特殊及其衍生的自我文明/世界文明、普世主义/多元主义等二元对立思维的同时，也明确划定了同"文明优越论""文明冲突论""文明同质论"的话语边界。教师要对学生讲清楚新时代文明交流互鉴观，特别是要引导学生从人类文明演进的视角认识社会发展规律，明确文明的全球化与全球化的文明的关系、文明交流互鉴与人类命运共同体的关系等难点问题。这就需要从格局观、价值观、底线观和理想观等多角度系统解读文明交流互鉴的思想要义。

二 教学解析

文明，是实体存在和价值评价的大写文化概念，其既可以从广义上归纳为人类创造的物质和精神财富的总和，也可以理解为基于特定范畴的发展道路、社会制度、生活方式、文学艺术和行为规范。党的十八大以来，从在联合国教科文组织总部以"新文明观"为主旨的演讲，到在纪念孔子诞辰 2 565 周年国际学术研讨会上以"文明交流交融、互鉴互学"为主题的发言，再到围绕推动构建人类命运共同体的系列重要讲话，习近平总书记依据人类文明创新性发展的时代命题，提出内涵丰富、系统完善的文明交流互鉴观。围绕文明交流互鉴，习近平总书记阐释了人类文明多元并行的认知图景，传递了亲、诚、惠、容的价值取向，明确了对本国本民族文明自觉自信的底线思维，指明了"世界大同，和合共生"的美好愿景，阐述了推动构建人类命运共同体的实践方案。

（一）"文明多样性是人类社会的基本特征"的格局观

作为社会历史变迁和世界格局演变的一种见证，文明是习近平总书记把握世界视野中的新时代中国特色社会主义发展逻辑的重要范式。事实上，在对文明的存在状态和演变规律的解码中，突破历史与现实、理论与实践的鸿沟，人类一直存在以文明多样性为结点的纵向（时间）/横向（空间）的知识建构路径。无论是玄奘在《大唐西域记》中对中亚、南亚文明的描绘，还是马克思在人类学笔记中对东方文明形态的叙述，抑或是汤因比在《历史研究》中对26个文明类型的归纳，都可以用这种认知路径加以理解。

习近平总书记指出，"文明具有多样性，就如同自然界物种的多样性一样"，作为"我们这个星球的生命本源"[1]，"文明多样性是人类社会的基本特征"[2]。而文明华章激荡人心和波澜壮阔之处，就在于"人类历史就是一幅不同文明相互交流、互鉴、融合的宏伟画卷"[3]。这些生动喻言在确证文明交流互鉴就是群体形式的对话和互动的同时，也契合了人类文明多元并行的历史认知规律。

其一，文明多元并行反映出的各具特色，甚至因自然或人为条件而呈现的非平衡性，但这不意味着文明在交流互鉴中存在高低、优劣之分。对此，习近平总书记明确指出："每种文明都有其独特魅力和深厚底蕴，都是人类的精神瑰宝。"[4] 习近平总书记还强调："每一种文明都扎根于自己的生存土壤，凝聚着一个国家、一个民族的非凡智慧和精神追求，都有自己存在的价值。"[5] 作为人类应对生存与发展挑战的产物，固然有些文明经历了生

---

[1] 习近平：《论坚持推动构建人类命运共同体》，中央文献出版社2018年版，第322页。
[2] 同上书，第133页。
[3] 同上书，第256页。
[4] 同上书，第421页。
[5] 习近平：《深化文明交流互鉴 共建亚洲命运共同体——在亚洲文明对话大会开幕式上的主旨演讲》，人民出版社2019年版，第6页。

长、发展、繁荣、衰落乃至消亡的过程,但它们作为记忆符号的历史意义始终不曾消解。严格区分文明要素(如技术条件、教育条件、治理水平等)和文明整体的评价标准,对客观事实解释的"特色"和主观价值判断的"优劣",明确人类文明寓于而又超越原始、奴隶、封建、资本主义和社会主义社会形态,无疑是新时代文明交流互鉴格局观的首要界定。

其二,文明多元并行说明文明的源起和生成有其独特性,但这不等同于它们在交流互鉴前后没有共通共谋之处。事实上,所有文明的最大交集都是建立在人类两大基本矛盾运动中的劳动成果与集体记忆基础上的。习近平总书记针对中西文明关系曾生动指出:"正如中国人喜欢茶而比利时人喜欢啤酒一样,茶的含蓄内敛和酒的热烈奔放代表了品味生命、解读世界的两种不同方式。但是,茶和酒并不是不可兼容的,既可以酒逢知己千杯少,也可以品茶品味品人生。"[1]从希伯来文化的传播到古丝绸之路的开辟,再到如今开放通融的世界市场的交相辉映,不同民族、国家创造的文明记忆不仅不是互不相交的平行线,反而"越来越成为你中有我,我中有你的共同体"[2]。在特殊中寻找普遍、普遍中发现特殊,这不仅揭示了文明交流互鉴的基本运作机理,也由此建构了"文明多元并行"到"文明交流互鉴"的运行轨迹。

其三,"文明带来交流,交流孕育融合,融合产生进步"[3],从文明多元并行绝非一定能够推论不同文明对立冲突的存在形式。"文明冲突论"虽然承认文明之间的差异,却在"盎格鲁-撒克逊"的惯性思维中,形成一套宗教信仰、社会制度和发展道路互不相

---

[1] 习近平:《论坚持推动构建人类命运共同体》,中央文献出版社2018年版,第103页。
[2] 同上书,第5页。
[3] 同上书,第256页。

容的理论体系。其不但以一种"遮羞布"掩盖了为攫取霸权而展开的利益之争,而且通过"先进消灭落后、高等取代低等"的话语预设,改变了文明多元并行与文明交流互鉴的内在逻辑。在习近平总书记文明多元并行的认知框架中,"不同社会制度可以相互包容,不同发展模式可以相互合作,不同价值文化可以相互交流"[1]。发展模式、制度建构、宗教信仰、价值认同的差异是自然的、正常的,这种差异既是文明交流互鉴的起点,也以和谐的状态留存在文明交往的终端。习近平总书记指出:"文明差异不应该成为世界冲突的根源,而应该成为人类文明进步的动力。"[2]新时代文明交流互鉴格局观在揭示文明多元并行与文明对立冲突不具有诸如因果、递进等直接联系的过程中,也在事实与价值层面切中了"文明冲突论""文明优越论"的本质和要害。

(二)"突出体现亲、诚、惠、容的理念"的价值观

2013年10月,习近平总书记在周边外交工作座谈会上指出:"我国周边外交的基本方针,就是坚持与邻为善、以邻为伴,坚持睦邻、安邻、富邻,突出亲、诚、惠、容的理念。"[3]"亲、诚、惠、容"不仅是中国在建构新时代大国特色外交中,与周边国家交往合作的理念表述,而且其通过对马克思主义、中国传统历史文化和中华人民共和国成立以来对外交往经验的精神萃取,以相互交集,不可分割的整体价值追求,浸透到致力于人类文明交往与和谐发展秩序当中。

---

[1] 习近平:《共建伙伴关系 共创美好未来——在金砖国家领导人第七次会晤上的讲话》,《人民日报》,2015年7月10日。
[2] 习近平:《论坚持推动构建人类命运共同体》,中央文献出版社2018年版,第421页。
[3] 《习近平谈治国理政》,外文出版社2014年版,第297页。

第一，真诚、开放、普惠一直是马克思恩格斯对待文明交往的准则。马克思强调："火药、指南针、印刷术——这是预告资产阶级社会到来的三大发明。"[1]"西方中心主义"在欧洲大陆甚嚣尘上之时，马克思却脱离孟德斯鸠、黑格尔精心架构的"东方专制主义"的视界，以客观、进步的立场高度肯定东方文明的传入对欧洲实现文明突破的推动作用。根据习近平总书记的观点，在人口、资源、工具的时空流动中，不同文明形态始终处于普遍联系之中，但一方是亲和/真诚/互惠/包容及其对文明交流、互鉴乃至共存的推动，一方是冷漠/傲慢/倾轧/狭隘及其对文明隔阂、冲突和优越的预设。这不仅诠释了文明交流互鉴应当遵循何种价值取向，也使"亲、诚、惠、容"的价值先导作用得以明确，避免了文明交流互鉴价值观的空置化。"文明相处需要和合不同的精神。只有在多样中相互尊重、彼此借鉴、和谐共存，这个世界才能丰富多彩、欣欣向荣"[2]。诸如此类，从新时代的中非合作、与阿拉伯各国共建"21世纪丝绸之路"，到倡议举行亚洲文明对话大会，"亲、诚、惠、容"理念通过多方位的地区合作、国际援助、安全维护等实现形式，彰显了马克思主义中国化在新时代文明交流互鉴价值观中的思想灵魂与理论旗帜的意义。

第二，中华文明在与其他文明交往之时，始终存在着可继承延续的价值观。作为历史主轴的"仁者爱人""以礼相待"不仅开创了包罗万象、气吞山河的汉唐气象，也将"以和为贵，与人为善，己所不欲，勿施于人等理念在中国代代相传，深深植根于中

---

[1]《马克思恩格斯文集》第8卷，人民出版社2009年版，第338页。
[2] 习近平：《论坚持推动构建人类命运共同体》，中央文献出版社2018年版，第256页。

国人的精神中,深深体现在中国人的行为上"[1]。"两千多年的交往历史证明,只要坚持团结互信、平等互利、包容互鉴、合作共赢,不同种族、不同信仰、不同文化背景的国家完全可以共享和平,共同发展"[2]。无论是《左传》《论语》的引经据典,还是张骞凿空、玄奘西行的史实叙事,从中外文明交往史中发掘团结互信、平等互利、包容互鉴、合作共赢的可依理念,汲取海纳百川、有容乃大,以及"和羹之美,在于合异"的有益精神,为新时代文明交流互鉴观的价值取向提供了丰富的历史传承和内容供给。"'以和为贵'、'和而不同'、'化干戈为玉帛'、'国泰民安'、'睦邻友邦'、'天下太平'、'天下大同'等理念世代相传"[3]。这不仅精准概括了中华文明对外交往的"仁""礼"的价值标识,更深刻印证了厚植在新时代文明交流互鉴观中的"亲、诚、惠、容"理念,是对中华传统文明交往智慧的历史传承和当代发展。

第三,从20世纪50年代的"和平共处"五项原则与"求同存异"精神,到新世纪以来的"和谐世界"主张与"亲、诚、惠、容"理念,创制和阐释契合人类价值诉求的交往理念,是中华人民共和国70年对外关系的重要工作内容和实践经验。2013年3月,习近平总书记访问坦桑尼亚时曾说,"过去半个多世纪的共同努力及其产生的丰富成果","这段历史告诉我们,中非关系的本质特征是真诚友好、相互尊重、平等互利、共同发展"[4]。2014年6月,习近平总书记在中阿合作论坛部长级会议开幕式上又指出:"中阿双方坚持以开放包容心态看待对方,用对话交流代替冲

---

[1] 习近平:《在中国国际友好大会暨中国人民对外友好协会成立60周年纪念活动上的讲话》,《人民日报》,2014年5月16日。
[2] 《习近平谈治国理政》,外文出版社2014年版,第288页。
[3] 习近平:《论坚持推动构建人类命运共同体》,中央文献出版社2018年版,第89页。
[4] 同上书,第15—16页。

突对抗，创造了不同社会制度、不同信仰、不同文化传统的国家和谐相处的典范。"[1] 就此而言，中国与包括非洲、阿拉伯地区在内的世界各国和国际组织，长期进行文明交流互鉴的历史积累和"旗舰"打造，使"亲、诚、惠、容"理念不仅成为国与国、人与人交往的行为准则，也定格为人类文明交流互鉴的共同价值。

（三）"本国本民族思想文化自尊、自信、自立"的底线观

习近平总书记强调："各国各民族都应该虚心学习、积极借鉴别国别民族思想文化的长处和精华，这是增强本国本民族思想文化自尊、自信、自立的重要条件。"[2] 在新时代文明交流互鉴底线观中，文明的自觉自信与交流互鉴非但不是彼此排斥，反而呈现"普遍—特殊"的辩证关系。

一是文明自觉自信，不是唯我主义的封闭体系的塑造，而是与其他文明形态对话互动的确证。固然地理环境、人文历史的迥异，使不同文明存在诸多差异，但这种特有的身份标识与实际意义的确立，离不开以他者为参照，自我文明的传统元素同当今时代的共鸣点，也往往在与他者的交流互鉴中被重新发掘。对此，习近平总书记多次强调：文明因交流而多彩，文明因互鉴而丰富。开放包容、兼收并蓄非但不会造成自我文明特有内涵和魅力的消解，反而确证其中的历史文化、社会制度和发展模式，具有他者文明不可替代的作用，并为自我文明的转向和重构创造契机。

二是文明交流互鉴的有效性，关键取决于对自我文明是否在比较性的世界视野中具有全面、客观、公正的认知。习近平总书记指出，任何文明都不是绝对完美的，特别是文明的传统形态终

---

[1] 习近平：《论坚持推动构建人类命运共同体》，中央文献出版社 2018 年版，第 120 页。
[2] 同上书，第 161—162 页。

究受制于低水平的生产条件和生活方式，对当代人类生活具有诸多非适应性。正因如此，"每一种文明都延续着一个国家和民族的精神血脉，既需要薪火相传，代代守护，更需要与时俱进、勇于创新"[1]。唯有对本民族、国家的历史文化足够了解，以自觉的意识、谦逊的姿态、科学的态度有的放矢，才能在与不同文明的对话中，不至于走向或以抱残守缺对待民族文明，或以极端迷思憧憬他者文明。正如自鸦片战争以来的中国近现代史，完全迷思于外部经验的闹剧和挫折已经证明，对它的生搬硬套和教条运用无法解决中国的困惑，唯有在马克思主义的科学框架中，扎根于生动、现实的中国大地，重新认识和改造自我文明，才是解决近当代中国发展问题的根本途径。

三是文明的自觉自信与交流互鉴是高度统一的整体，其过程是用思想解读自我文明在人类文明总体中的独特价值，在自然风物和人文精神中建构自我文明与他者的共享方案；其结果则是自我文明既是传承的形态，也是同他者对话的产物；其真谛在于以自我文明的自觉自信，与他者共享未来的"交而通"。换言之，割裂文明的自觉自信与交流互鉴的关系，纯粹对传统或他者文明模仿照搬，不仅会在封闭、保守、虚无的戾气和歧途中，丧失自我文明的独立思考，也将在文明的僵化或同质中，使文明的交流互鉴不复存在，从而滑向部落主义或拿来主义。

漠视本国本民族的历史传统，放弃人民对既有生活方式的选择，只能带来自我文明的失序与倒退。同样，无论是近代前夜中国封建统治者对"天朝上国"的幻想，还是部分西方社会精英对"欧美中心主义"的迷恋，都脱离和阻挡人类文明的激荡，首当其

---

[1] 习近平：《论坚持推动构建人类命运共同体》，中央文献出版社2018年版，第82—83页。

冲的受害者就是自我文明。文明的自觉自信既是价值选择问题，也是方法建构问题，关键在于如何处置发展和保护、传统和现代、地域和世界的张力。护底而不处处设限，守界而不划界为牢，这显然是新时代文明交流互鉴底线观的核心要义。

（四）"世界大同，和合共生"的理想观

在经济全球化衍生的技术、物质和消费主义的滥觞中，人类文明的交往图景是什么？全球化的文明是否会蜕变为文明的全球化？普世主义给出的答案无疑是文明的未来是单一、共性和同质的，但后冷战时代以来的世界发展已证明这是注定无法实现的。朴素的多元主义认为无论作为语言、文字的知识活动，还是习俗、制度的生活内容，都是对独特、差异的确证，不过却有意忽略工业化、信息化、智能化的物质生产，市场化、民主化、法治化的制度建设，和平、发展、公平、正义的精神追求，正在使不同文明的现代性认同愈发显著。然而，在新时代文明交流互鉴观中，无论是"实现多元共生、包容共进"的寄语，还是对社会学家费孝通"各美其美，美人之美，美美与共，天下大同"的引用，在憧憬人类文明全景的问题上，其都可以被概括为"世界大同，和合共生"。

从《礼记》"大道之行，天下为公"的愿景书写，到大航海时代开辟的对文明的全球史叙事，再到马克思主义对"自由人联合体"的使命昭示，作为理想旨归的"世界大同，和合共生"，本身就是中、西、马有机统一的文明结晶。依据唯物史观的批判性分析，马克思预判到人类社会在全球化的生产生活方式中，由"财产共和国"向"大同世界"的历史趋势。根据他的观点，单一的文明形态（如西欧社会、俄国公社）在人类物质、制度和精神生产中只代表个别，不可能取得共产主义的"大同"，而后者也必须

在诸多文明的"和合"中,确证自我的"共生"。

而从中华文明的历史演变来说,"大同""和合"正是中国古人在典籍文献中,对所谓道、理运行的天下观念和中道思维的集中表达。习近平总书记多次引用的"天下大同"与"和合共生"都出自传统经典,这些理念与天人合一、协和万邦、和而不同的世界观、国际观、社会观和道德观紧密相连,并在康有为、孙中山等近代政治思想精英的知识权力中生发出现代性。"对于世界诸民族,务保持吾民族之独立地位,发扬吾固有之文化,且吸收世界之文化广大之,一起与诸民族并趋于世界,以驯致于大同"[1]。在中、西极度对立的民族革命年代,孙中山不仅将大同世界的内涵,由人民共有、无分贵贱的理想社会状态,拓展为不同文明的交相辉映,更在文明与侵略、进步与野蛮的科学分野中,将不同文明的相异相补、相反相成作为"大同"的内在规定。

习近平总书记指出:"因为平等交流而变得丰富多彩,正所谓'五色交辉,相得益彰;八音合奏,终和且平'","我们要尊重文明多样性,推动不同文明交流对话、和平共处、合谐共生。"[2]在新时代文明交流互鉴理想观中,这些具有新意的话语显然发展了马克思主义和中国传统文化对文明和谐状态的理想叙事,诠释了"世界大同,和合共生"就是异彩纷呈的文明个体,在对话和互动中结成的文明共同体。其最终彼岸既不在于某一种文明以科学的、现代的普世面貌,对世界历史的终结,也不是以互不相干的特殊性,去架空科学的、现代的普遍性。相反,它恰恰表现为共性和特性、民族情怀和世界主义的相通共进。因此,文明交流互鉴既不是意识形态的"绝对一元论"的统制产物,也不可能以

---

[1]《孙中山全集》第 2 卷,人民出版社 2015 年版,第 260 页。
[2] 习近平:《论坚持推动构建人类命运共同体》,中央文献出版社 2018 年版,第 133 页。

单一色彩的标准化文明为结语;既不在于将文明的同一性无限放大,也不是简单堆砌文明之间的差异,而是将人类文明真正视为"整体的特性"的有机体。这当中,以民族、地域和国家为表现形式的个体文明是独立自主的,也有着互补依存的需要,并在动态的、创造性的交流互鉴中,确证人类文明"存在的完整性"。

习近平总书记强调:"历史呼唤着人类文明同放异彩,不同文明应该和谐共生、相得益彰,共同为人类发展提供精神力量。"[1]从目的论的角度说,文明交流互鉴是人类命运共同体的当代建构,是人类理想未来的现实展望,是以文明交融共存推动人与人、人与社会、人与自然的和谐发展。当然,诚如冷战思维、零和博弈的旧有观念不可能被短期消除,逆全球化和本土觉醒运动裹挟的文化保守主义,不可能使人类重回部落文明的状态当中,因而实现人类文明的大同理想与和合共生,绝非是一劳永逸的。但要看到,尽管文明冲突、文明优越等论调不时沉渣泛起,然而不同文明的交融共存终究是合历史目的的规律使然。"世界大同,和合共生"非但没有使新时代文明交流互鉴观走向工具理性的窠臼;相反,它为文明交流互鉴规制了人类命运共同体的清晰可依的目标指向。

---

[1] 习近平:《论坚持推动构建人类命运共同体》,中央文献出版社 2018 年版,第 512 页。

20 如何认识建设社会主义现代化强国与中国青年的关系?

刘 佳 复旦大学马克思主义学院博士研究生

一 疑难问题

青年兴则国家兴,青年强则国家强。党的十八大以来,习近平总书记围绕党的青年工作和共青团事业发表了一系列重要讲话,形成了习近平总书记关于党的青年工作的重要思想。[1]这一重要思想是习近平新时代中国特色社会主义思想的重要组成部分,深刻回答了在建设社会主义现代化强国的新征程中,中国青年应以什么样的精神面貌和奋斗姿态,朝着什么样的目标奋勇前进的重大问题,明确了中国青年是社会主义现代化强国建设的基础性、战略性资源,宣示了"中华民族伟大复兴终将在广大青年的接力奋斗中变成现实"[2]的坚定决心和必胜信念。

讲好"习近平新时代中国特色社会主义思想概论"课,落脚点是要讲清楚中国梦与青春梦的关系,讲清楚建设社会主义现代

---

[1] 王沪宁:《乘新时代东风 放飞青春梦想——在中国共产主义青年团第十八次全国代表大会上的致词》,《人民日报》2018年6月27日。
[2] 《习近平关于青少年和共青团工作论述摘编》,中央文献出版社2017年版,第14页。

化强国与中国青年发展的关系，引导青年学生树立远大理想，树立和践行社会主义核心价值观，动员广大青年学生为实现"两个一百年"奋斗目标、实现中华民族伟大复兴的中国梦而勤奋学习、努力工作。在教学过程中应重点把握两个关键环节：一是如何从学理上讲清楚国家与青年之间的关系，即国家建设需要青年参与，青年成长离不开国家支持，国家与青年是密不可分的命运共同体；二是面对新使命新挑战，中国青年如何使自己"强"起来，发扬斗争精神，增强斗争能力，为坚持和发展中国特色社会主义贡献青春力量。

二 教学解析

中国共产党自创建伊始，就赋予中国青年以特殊的历史使命和政治责任。党的十九大报告最后专门谈及中国特色社会主义进入新时代以后，中国青年应以什么样的精神状态、朝着什么样的目标前进的问题，强调"青年一代有理想、有本领、有担当，国家就有前途，民族就有希望"[1]。青年是中国共产党长期执政的基础性、战略性资源，我们要建设社会主义现代化强国、实现中华民族伟大复兴的中国梦，就必须大力发扬斗争精神，努力提高斗争本领，使中国青年"强起来"。

（一）"青年强则国家强"：青年与国家关系的理论阐释

"青年强则国家强"本质上是关于"青年与国家关系"的一个判定，其理论内涵可以从三个方面来理解。

---

[1] 习近平：《决胜全面建成小康社会 夺取新时代中国特色社会主义伟大胜利——在中国共产党第十九次全国代表大会上的报告》，人民出版社2017年版，第70页。

青年与国家关系的历史逻辑。马克思主义唯物史观认为,"全部社会生活在本质上是实践的。凡是把理论引向神秘主义的神秘东西,都能在人的实践中以及对这种实践的理解中得到合理的解决"[1]。我们要理解青年与国家的学理关系,必须要有一个超越"青年与国家关系"的宏观定位,即把它放在青年与中国革命、建设和改革的各个历史过程中去考察。1939年5月,毛泽东在《青年运动的方向》的演讲中说:"中国将来一定要发展到社会主义去,这样一个定律谁都不能推翻。但是我们目前的阶段上不是实行社会主义,而是破坏帝国主义和封建主义,改变中国现代的这个半殖民地半封建地位,建立人民民主主义的制度。全国青年应为此而努力。"[2] 1957年5月,邓小平在中国新民主主义青年团第三次全国代表大会上,代表党中央提出了社会主义改造基本完成后中国青年的历史任务:"就是在党的领导下,用共产主义的精神教育青年一代,团结全体青年积极参加建设社会主义的劳动,以便尽快地把我国建设成为一个伟大的社会主义工业国,为将来实现共产主义准备条件。"[3] 2016年,习近平总书记在庆祝中国共产党成立95周年大会上指出:"95年来,我们党取得的所有成就都凝聚着青年的热情和奉献。"[4] 由此可见,在历史语境下理解"青年与国家关系",绕不开中国共产党这个关键变量,因为中国共产党的政治理想不仅在于"推翻旧政权",更在于"建设新社会","以党建国进而实现以党强国"是近代以来中国政治发展的基本线索,党的十九大报告就是一份"以强党实现强国"的政治

---

[1]《马克思恩格斯文集》第1卷,人民出版社2009年版,第501页。
[2]《毛泽东选集》第2卷,人民出版社1991年版,第563页。
[3]《邓小平文选》第1卷,人民出版社1993年版,第276页。
[4]《习近平关于青少年和共青团工作论述摘编》,中央文献出版社2017年版,第8页。

宣言和行动纲领。在现代化强国之路上，青年不能缺席。因此，中国青年与国家的关系，集中表现为中国青年与中国共产党的关系。只有中国共产党才能让中国青年强起来，也只有中国共产党才能把中国青年有效地组织起来，汇聚成推动现代化强国建设的磅礴力量。

青年与国家关系的理论逻辑。近代思想家梁启超在《少年中国说》中第一次提出"少年强"的概念，"少年智则国智，少年富则国富，少年强则国强，少年独立则国独立，少年自由则国自由，少年进步则国进步"。习近平总书记将"少年强"进一步发展为"青年强"。2013年5月4日，习近平总书记在同各界优秀青年代表座谈时说："青年兴则国家兴，青年强则国家强。" 2014年7月，习近平总书记在韩国首尔国立大学演讲时说："青年兴则民族兴，青年强则国家强。" 2014年8月，习近平总书记在看望南京青奥会中国体育代表团时说："少年强、青年强则中国强。""青年强"即"使青年强起来"，这是关于中国青年的集体行动概念和塑形范畴，它不仅指青年个体在智力、体力、能力等方面的提升和改善，更是指中国青年在群体组织化程度、集体行动有效性、共识凝聚和价值观建设等方面的整体强化和"质"的飞跃。在"青年强则国家强"的命题中，"青年强"被置于"国家强"之前，形成一种"前提-指向"型的因果链条，即将青年群体的社会性功能开发、聚合、转化为现代国家构建的政治性力量。从"青年强"到"国家强"的学理路径有两条：一是实然路径。青年天生朝气蓬勃，没有外在负担和社会羁绊，善于接受新鲜事物，敢于突破常规和迎接挑战，这些实然特点决定了中国青年是现代强国建设的宝贵资源。二是应然路径。"使青年强起来"是一项社会系统工程，离不开政党指引、政府支持和社会响应。其中，架构起健全完备的旨在促进青年全面发展的制度体系和运行系统，则是盘活青年人力资源的关键一环，而这一过程也是更加全面、更加系统推进现代强国建设的应然之举，是推进国家治理体系和治理能力现代化的重要内容。

青年与国家关系的现实逻辑。在不同历史时期，中国共产党始终把青年的命运同国家的命运紧紧"捆绑"在一起。胡锦涛指出："在新民主主义革命时期，广大青年冲锋在前，为争取民族独立、人民解放浴血奋战、赴汤蹈火。在社会主义革命和建设时期，广大青年发愤图强，为改变国家一穷二白面貌勇挑重担、艰苦创业。在改革开放新的历史时期，广大青年锐意进取，为推进改革开放和社会主义现代化建设顽强拼搏、再立新功。"[1] 党的十九大制定了中国共产党在新时代实现全面建成社会主义现代化强国的时间表和路线图。"新时代"是当前和未来中国社会发展的时代条件，也是使中国青年"强起来"的现实依据。一方面，中国特色社会主义进入新时代，建设全面、系统、可持续的现代化强国被提上日程。根据党的十九大作出的战略安排，从现在到本世纪中叶是当代中国青年发展的"红利期"，中国青年将在"建国一百年"时成为社会主义现代化强国建设的主体力量，当代中国青年将在全面建设社会主义现代化强国之路上拥有无比广大的作为空间、无比丰富的发展机遇、无比广阔的人生舞台。另一方面，新时代的强国方略更加注重发展质量的提升和整体结构的优化，这就对青年群体的综合素质能力提出了更高的要求。中国特色社会主义发展的新高度倒逼中国青年素质能力体系的结构性"换挡"和整体性"升级"。中国青年要善于扬长避短，克服青年人身上的弱点和不足，使自己的各方面能力来一个大幅度的提高和强化。

---

[1] 胡锦涛：《在纪念中国共青团成立90周年大会上的讲话》，《人民日报》，2012年5月5日。

（二）建设现代化强国，青年要发扬斗争精神

建设现代化强国是中国共产党主动顺应时代发展大势，自主选择设置的有关"建设一个什么样的国家"的战略议题，是中国共产党领导国家应对一系列挑战、追求新的更高的现代性目标的过程。实现强国目标，需要历经一个较长的过程来积累和沉淀强国因素，而这一过程就是中国青年接力奋斗的过程，就是中国青年在现代化强国建设中实现自我发展和人生理想的过程，也是中国青年不断锻造自身、使自己"强起来"的过程。

党的十九大报告指出："社会是在矛盾运动中前进的，有矛盾就会有斗争。我们党要团结带领人民有效应对重大挑战、抵御重大风险、克服重大阻力、解决重大矛盾，必须进行具有许多新的历史特点的伟大斗争。"[1] 社会发展的矛盾运动是孕育斗争精神的"源头活水"，一个时代的斗争精神总能反映这个时代社会矛盾运动的基本特点和走向趋势，也总是以有效解决这个时代社会矛盾为目标指向。斗争精神的时代特性在社会矛盾的现实运动中得到彰显：当社会矛盾的"对抗性"发展到极点时，也就是说当生产力与生产关系、经济基础与上层建筑之间的矛盾发展到不可调和的时候，斗争精神就会得到显现，并表现为一种革命性的精神力量；相反，在社会矛盾的"对抗性"弱化、"调和性"上升的时候，就更需要斗争精神的回归和强化。斗争精神即斗志，是指人们在解决各种社会矛盾过程中所表现出来的精神状态、价值立场和意志品质总和，是作为实践形态的斗争在主观形式上的能动反映。在全面建设现代化强国的新时代中，中国青年要大力发

---

[1] 习近平：《决胜全面建成小康社会 夺取新时代中国特色社会主义伟大胜利——在中国共产党第十九次全国代表大会上的报告》，人民出版社2017年版，第15页。

扬斗争精神,在精神状态上来一场"大斗争",这既是基于对历史的经验,也是出于现实的考量。

首先,从青年集体行动的逻辑看,斗争精神是广大青年谋求自身解放和发展的精神力量,青年的斗争精神与无产阶级政党的革命理想在价值指向上是高度一致的。列宁指出:"我们学会了并且正在迅速学习着斗争,而且不像我们父辈中的优秀人物那样单独地斗争,也不是为了实质上与我们背道而驰的资产阶级狡辩家的口号而斗争。"[1]斗争精神是中国青年投身民主革命洪流的强大思想引领,斗争精神历经革命实践的锻造,升华为宝贵的革命主义、集体主义、爱国主义精神。

其次,中国现代化强国建设面临的一系列新情况、新形势,要求中国青年要以时不我待的紧迫感、居安思危的危机感、振兴中华的使命感,时刻做好应对具有许多新的历史特点伟大斗争的思想准备、理论准备和能力准备,决不能掉以轻心。

再次,发扬斗争精神,还集中表现为青年要主动同各种不良思想文化和价值观念做斗争,掌握斗争的主动权和话语权。在思想文化领域,青年不仅是进行斗争的主体力量,也是西方敌对势力争夺的对象。中国青年要时刻保持政治上的清醒和思想上的纯净,增强文化自信,敢于亮剑发声,主动同新自由主义、历史虚无主义、宪政民主主义、新闻自由主义等错误思潮做坚决斗争,澄清是非、回击谬论,做政治上的明白人,做中国特色社会主义的坚定捍卫者。

最后,青年发扬斗争精神,归根到底要靠青年对自我发展和价值评价的"否定之否定",这是使青年"强起来"的关键环节。

---

[1] 中国共产主义青年团中央团校:《革命领袖论青年和青年工作》,中国青年出版社1984年版,第2页。

青年要学会在逆境和不确定性环境中成长，主动开启"新的矛盾运动"的装置，在打破旧平衡、达到不平衡，打破不平衡、建立新平衡的动态运动中，深化对自己所肩负的历史使命、社会责任和人生价值的认识，重拾初心，重温誓言。只有在回归梦想、回归初心、回归本色的道路上历经摸爬滚打、千锤百炼，青年才能"强起来"。习近平总书记指出："要坚持艰苦奋斗，不贪图安逸，不惧怕苦难，不怨天尤人，依靠勤劳和汗水开辟人生和事业前程。"[1]

（三）建设现代化强国，青年要提高斗争本领

如果说，大力发扬斗争精神是青年参与现代化强国建设的"精神动力"和"思想开关"，那么提高斗争本领就是发扬斗争精神的实践要求和行动逻辑。党的十九大报告指出："全党要充分认识到这场伟大斗争的长期性、复杂性、艰巨性，发扬斗争精神，提高斗争本领，不断夺取伟大斗争新胜利。"[2] 从现实形态看，斗争本领要比斗争精神更加具体、现实、可感，斗争精神以"斗志"的精神状态表现出来，斗争本领则通过"能力体系与行动力"体现出来，斗争本领是斗争精神的"能力形态"。要建设社会主义现代化强国，青年必须提高斗争本领，这主要基于两个方面的判断。

一方面，源于社会主义现代化强国建设的现实需要。按照党的十九大作出的战略安排，全面建设社会主义现代化强国的目标

---

[1]《习近平关于青少年和共青团工作论述摘编》，中央文献出版社2017年版，第37页。
[2] 习近平：《决胜全面建成小康社会　夺取新时代中国特色社会主义伟大胜利——在中国共产党第十九次全国代表大会上的报告》，人民出版社2017年版，第13页。

要在本世纪中叶实现,从现在算起距离强国目标的实现还有一段时日。综合分析,强国建设的时间是长期的、环境是复杂的、任务是艰巨的,因此青年只有提高斗争本领,培养投身现代化强国建设的过硬能力,才能在强国之路上行稳致远、攻坚克难。习近平总书记指出:"当前,我们既面临着重要发展机遇,也面临着前所未有的困难和挑战。梦在前方,路在脚下。自胜者强,自强者胜。实现我们的发展目标,需要广大青年锲而不舍、驰而不息的奋斗。"[1]

另一方面,源于马克思主义理论的斗争精神与革命品格。习近平总书记指出:"马克思主义就是我们党和人民事业不断发展的参天大树之根本,就是我们党和人民不断奋进的万里长河之源泉。"[2] 革命性是马克思主义最鲜明的理论品格,因为它不仅注重理论建构在逻辑上的自洽性,更关注理论自身对于推动社会进步与发展的效用。马克思主义不仅是解释世界的学说,更是变革历史的真理性力量。马克思恩格斯指出:"对实践的唯物主义者即共产主义者来说,全部问题都在于使现存世界革命化,实际地反对并改变现存的事物。"[3] 由此可见,作为一种观念形态的"斗争精神",要以强大的"行动力"来支撑。精神的力量要靠行动的能力来体现,思想的伟力要靠实践的绩效来检验。青年只有提高斗争本领,才能在强国建设的伟大事业中创造出更多的价值和财富,才能为强国大厦的垒砌积累更多的现代性元素。

斗争本领是指在应对伟大斗争、建设强大国家过程中所具备

---

[1] 习近平:《决胜全面建成小康社会 夺取新时代中国特色社会主义伟大胜利——在中国共产党第十九次全国代表大会上的报告》,人民出版社 2017 年版,第 47 页。
[2] 《习近平谈治国理政》第 2 卷,外文出版社 2017 年版,第 66 页。
[3] 《马克思恩格斯文集》第 1 卷,人民出版社 2009 年版,第 75 页。

的能力要素的总和，是人斗争实践活动过程中的必不可少的主观条件。对当代中国青年来说，斗争本领主要包括以下几个方面：

一是政治力。青年要树立远大的共产主义理想和中国特色社会主义共同理想，坚定对中国特色社会主义的道路自信、理论自信、制度自信、文化自信，增强政治鉴别力和政治敏感度；强化使命担当和责任意识，把自己的人生理想同实现中华民族伟大复兴中国梦结合起来，走与人民群众相结合的成才之路。

二是学习力。学习是提高斗争本领的最好的老师。习近平总书记指出："要勤于学习、敏于求知"，"既要专攻博览，又要关心国家、关心人民、关心世界"。[1] 青年一代要珍惜学习机会，把学习作为个人成长发展的基础性工程，不仅要能用专业知识创造新的社会价值，更要善于用专业知识总结好人民实践的新鲜经验，为人民立命，为国家立说，为时代立言，这是中国青年义不容辞的使命和责任。

三是适应力。1978年改革开放以来，社会结构的深层转型和变革，以及多元文化的冲击和影响，使青年生存和发展的外部环境发生很大变化，这种变化是全方位、多层次的，既有有利的一面，也有消极的影响。青年要增强社会适应性能力，培养现代性人格，主动走进社会、融入社会，在社会变革中始终保持青年的活力和创造性。

四是发展力。发展力是针对能力要素自身的生长性来说的。建设现代化强国还有很长的路要走，还要应对许多潜在风险和未来挑战，青年要增强自身发展后劲，厚培可持续发展能力，确保始终保持昂扬向上的奋斗姿态和较高水平的实践能力。

---

[1] 中共中央文献研究室：《习近平论青少年和共青团工作》，中央文献出版社2017年版，第26页。

政治力、学习力、适应力、发展力共同构成中国青年在现代化强国建设中的能力要素体系，是一个不可分割的有机整体。其中政治力是前提，决定青年斗争本领的性质和取向；学习力是基础，决定青年斗争本领的起点和高度；适应力是关键，决定青年斗争本领的稳定性和应变性；发展力是保障，决定青年斗争本领的延伸度和时效性。

党的十九大开启全面建设社会主义现代化强国建设的新征程，奏响新时代中国青年运动的新号角。为实现中华民族伟大复兴中国梦而奋斗是新时代中国青年运动的主题，也是中国青年"强起来"的必由之路。只要中国青年紧紧跟随党的步伐，不忘奋斗初心，牢记历史使命，在具有许多新的历史特点的伟大斗争中不畏艰险、迎难而上、百折不挠、永远奋斗，大力弘扬斗争精神，努力提高斗争本领，现代化强国建设的宏伟目标就一定能够实现，青年发展的美好远景也一定能成为现实。

图书在版编目(CIP)数据

如何讲好当代中国马克思主义:疑难问题与教学解析.第一辑/李冉,李国泉主编. —上海:复旦大学出版社,2019.12
(望道·教学文库)
ISBN 978-7-309-14779-7

Ⅰ.①如… Ⅱ.①李…②李… Ⅲ.①马克思主义理论-教学研究-高等学校 Ⅳ.①A81

中国版本图书馆 CIP 数据核字(2019)第 288240 号

如何讲好当代中国马克思主义:疑难问题与教学解析.第一辑
李　冉　李国泉　主编
责任编辑/邬红伟　孙程姣

复旦大学出版社有限公司出版发行
上海市国权路 579 号　邮编:200433
网址:fupnet@fudanpress.com　http://www.fudanpress.com
门市零售:86-21-65642857　团体订购:86-21-65118853
外埠邮购:86-21-65109143
上海四维数字图文有限公司

开本 787×960　1/16　印张 14　字数 160 千
2019 年 12 月第 1 版第 1 次印刷

ISBN 978-7-309-14779-7/A·44
定价:35.00 元

如有印装质量问题,请向复旦大学出版社有限公司发行部调换。
版权所有　侵权必究